INTERVISTE POLITICA & ECONOMIA

****

Sergio De Nardis (Nomisma): Fiscal Compact, regole da ripensare

A Bologna il Palazzo Davia-Bargellini è un sontuoso palazzo storico del 1638 in stile barocco nel centro città dove ha sede un altro pezzo di storia italiana, Nomisma. In greco antico la parola Nomisma indica il "valore reale delle cose", un Think Tank che è un'eccellenza nel panorama dei centri studi italiani ed internazionali. Qui si sono alternati i più noti esperti e studiosi italiani con la produzione di analisi particolarmente valide e centrate, ed è qui che, passando tra le due imponenti statue all'entrata e salendo per gli antichi scaloni, ci attende per una intervista il capo-economista di Nomisma **Sergio De Nardis**. Personalità di spicco ed autorevole, unisce al carisma di economista di vaglia, doti di disponibilità e cordialità che trasformano una disquisizione su temi economici in una conversazione tanto illuminante, quanto piacevole.

Qual è il suo pensiero riguardo il Fiscal Compact, in particolare relativamente alle percentuali del 3% nel rapporto deficit-Pil ed il 60% in quello debito-Pil? Ritiene sia un obiettivo raggiungibile nell'arco dei 20 anni previsti?
Il Fiscal Compact è una regola relativamente recente, in quanto parte dal Patto di Stabilità e Crescita (ndr 1997), in inglese SGP o Stability and Growth Pact, ed è qui che troviamo i target riportati. Questi esistono da sempre, da dopo Maastricht diciamo, il Fiscal Compact è stato introdotto nel 2011-2012 e rende molto più cogenti i parametri da rispettare rendendo molto più stretto il percorso da effettuare e prevedendo anche sanzioni.

L'obiettivo è comune e chi parte da più lontano come noi fa più fatica, la regola è di abbattere un ventesimo all'anno fino ad avvicinarsi al 60% riducendo l'eccesso.

Si parla di una cifra da tagliare, nell'ambito della riduzione al 60%, di 45-50 miliardi di euro annui, è reale?

Dipende da come va il Pil, proprio il ministro Padoan ha ricordato che se l'Italia riesce ad azzerare il proprio deficit strutturale, quest'anno è del -2,6%, ma strutturale vuol dire che lo correggi per il ciclo economico, per la recessione, quindi stiamo correggendo, penso, intorno al -1%. Se noi azzeriamo questo, e riusciamo a tenere lo 0%, basta che il Pil nominale, cioè non il Pil reale, ma il Pil prezzi per quantità, cresca di un 3% annuo. Questo 3% non è quello reale, ma la crescita prevista che è di 1-1,2%, forse ottimisticamente anche 1,5-1,6%, più l'inflazione. Mettendo assieme questi due parametri possiamo soddisfare i requisiti del Fiscal Compact senza ulteriori misure. I problemi sono che prima dobbiamo raggiungere la parità di bilancio e non ci siamo ancora, se poi in uno scenario di crescita bassa, ci allontaniamo dall'inflazione del 2% avvicinandoci allo 0%, tutto il percorso diventa più difficile soprattutto per quei paesi come noi e la Spagna. Insomma ci sono vari punti interrogativi.

Le sanzioni previste in caso di non ottemperanza delle regole, hanno motivo di essere alla luce della situazione economica attuale?

Sicuramente le sanzioni hanno motivo di essere in uno scenario normale, di ripresa o anche di debolezza normale. Un conto è applicarle in una situazione come questa dove il paese che non può rispettare i requisiti richiesti, magari non lo sta facendo proprio perché non ci riesce. Se poi lo multi, lo danneggi ancora di più in una situazione di difficoltà. Noi ci troviamo adesso, in Europa, in una situazione mai conosciuta finora, peggiore anche di quella degli anni '30 della grande depressione. In verità in America fu molto più brutta che in Italia in quanto qui c'era della spesa pubblica per armamenti che fece da ammortizzatore. Una situazione del genere in Italia non l'abbiamo mai avuta, ma adesso abbiamo una ricchezza che allora non c'era, ora c'è la casa, il welfare, gli ammortizzatori sociali.

Sul fatto di avere normato il pareggio di bilancio in Costituzione, ci sono state molte discussioni; negli Stati Uniti dove già era inserita, ha creato non pochi problemi. Quale è il suo parere in merito?

L'abbiamo fatto perché ci trovavamo in una situazione particolare e ci fu chiesto dall'Europa di mettere per legge costituzionale dei vincoli che rispecchiassero quelli stabiliti a livello europeo. Secondo me non è giusto, anzi è sbagliato mettere una legge sul saldo di bilancio annuale, anche se la legge dice "...tenuto conto del ciclo economico, ci possono essere circostanze straordinarie, purché sia approvata dal Parlamento..." e via dicendo. Forse era meglio un vincolo sul debito, oppure ancora meglio un Fiscal Council, cioè un'agenzia esterna al governo che faccia le pulci ai conti e cane da guardia al governo.

Un'agenzia che sostituisca, in pratica, l'Europa in questo, che è un soggetto presente e intrusivo, che interviene a cose fatte. In pratica interverrebbe in via preventiva e non a consuntivo come fa la UE ora.

Nel Meccanismo Europeo di Stabilità è previsto l'acquisto di titoli in caso di richiesta d'aiuto, su questo la Germania ha avanzato molti dubbi.

In caso di richiesta da parte di un paese membro, questi si può rivolgere al Fondo Salvastati che dispone di risorse teoricamente illimitate e può acquistare titoli a prezzo calmierato. Se detto paese si dovesse finanziare sul mercato sarebbe penalizzato da tassi molto alti, in questo modo la BCE spegnerebbe le spinte speculative sul nascere. Le obiezioni tedesche vertono sul timore che tale aiuto alleggerirebbe la pressione sui paesi poco virtuosi, il che potrebbe invogliare a seguire pratiche scorrette. Ma d'altronde senza questo paracadute salterebbe l'euro.

Cosa pensa riguardo le critiche al Fondo Salvastati che viene alimentato dai paesi membri contraendo nuovi debiti?

In realtà il Fondo gode di un rating molto alto, per cui può approvvigionarsi a tassi molto convenienti sui mercati. In caso di necessità quindi potrebbe fare prestiti agli Stati membri ad interesse molto più basso rispetto a quello che i singoli stati potrebbero spuntare. Gli acquisti di titoli pubblici sono una cosa che deve essere fatta. Se avessimo avuto Draghi un anno prima, al posto di Trichet, con le sue dichiarazioni salvifiche, ci saremmo risparmiati una seconda recessione. Se la BCE avesse esibito subito il suo "Big Bazooka", con le dichiarazioni di potenziali acquisti illimitati, ci saremmo risparmiati la seconda parte della crisi (estate 2011-estate 2012). Non ci sono altre soluzioni, altrimenti salta tutto, vedo con preoccupazione la decisione della Corte Costituzionale Tedesca di Karlsruhe che ha fatto ricorso alla Corte di Giustizia Europea per porre limitazioni all'acquisto illimitato. Questa è una potenziale bomba ad orologeria, in caso di accoglimento la Corte Costituzionale Tedesca farebbe forse saltare tutto?

Riguardo alla diatriba e le diverse visioni rispetto alla gestione delle riserve auree con il diverso approccio da parte dei diversi stati, dal Canada che le ha vendute tutte all'Italia che è il terzo possessore mondiale?

Queste riserve auree non sono più nella nostra disponibilità in quanto appannaggio della Banca d'Italia, ma l'eventuale vendita la vedo proprio come ultima ratio. Sinceramente non ho particolari opinioni sulla cosa, ritengo che più che altro le politiche in merito rispecchino le tradizioni storiche dei paesi. Non lo vedo come un elemento centrale. La vendita comunque sarebbe un segno di tale disperazione che non è francamente ipotizzabile, ed è comunque un elemento di stabilità e sicurezza psicologia, cosa che sui mercati ha sempre effetto.

12 aprile 2014

Stefania Tomasini (Prometeia): meglio tagliare costo del lavoro che Irpef

Nata nel 1974 con lo scopo di svolgere attività di analisi e ricerca macroeconomia, Prometeia è una delle maggiori società italiane di consulenza e ricerca economica e finanziaria. Il suo staff conta quasi 400 professionisti e rivolge i suoi servizi a primarie istituzioni finanziarie, investitori istituzionali, imprese industriali e istituzioni pubbliche. E' qui, nella sede di Bologna, che incontriamo **Stefania Tomasini**, Economista-Responsabile delle analisi e previsioni sull'economia italiana, per rivolgerle alcune domande su dinamiche del mondo del lavoro e scenari europei.

Riguardo le dinamiche del lavoro, quali differenze sono riscontrabili tra il nostro paese ed altri toccati dalla crisi come Spagna, Grecia e Portogallo:
Le tre fasce maggiormente colpite sono le persone che risiedono al sud, i giovani e le donne. Sono tre gruppi che si intrecciano fra di loro. Purtroppo troviamo anche persone oltre i 35 anni, con la responsabilità di una famiglia, un core di oltre 1.000.000 di persone che non hanno più un lavoro, una situazione che non troverà soluzione in tempi brevi. Oltretutto proprio oggi l'Istat ci ha detto che la crescita è zero. Una disoccupazione quindi che si radicalizza e si perpetua nel tempo, e quindi che dal punto di vista sociale diventa particolarmente grave, proprio soprattutto perché colpisce padri di famiglia, ed è quello che sta accadendo. Sicuramente l'unica strada per uscire da questa situazione è la crescita.

Lei ha previsto il massimo della disoccupazione per la fine dell'anno valutandola al 13,4% e imputando a governi deboli, come quello Letta, di non avere avuto la forza di intervenire in maniera forte e appropriata sui problemi.

La disoccupazione strutturalmente non scende mai in fase con la ripresa del Pil, proprio perché è come se le recessioni avessero delle onde lunghe, la ripresa è a macchia di leopardo, alcuni settori sono in ripresa, altri si devono ancora aggiustare nel nuovo contesto. Quindi abbiamo imprese che continuano a fallire anche durante la ripresa.

Dalle sue analisi si evince uno spostamento della forza lavoro dall'industria ai servizi, questo come va interpretato?
Lo spostamento della forza lavoro dal manifatturiero ai servizi è tipico delle economie avanzate, bisognose di servizi, e dall'ampliamento dell'outsourcing. L'industria continua ad essere un driving molto importante dell'economia, ma ha bisogno, come ad esempio nell'export, di servizi ed assistenza. In altri paesi la quota lavoro nei servizi è anche maggiore, ricordiamo che noi siamo, con la Germania, i paesi industrialmente più forti, superiori a Francia e Regno Unito.

Dai suoi calcoli risulta che se invece di puntare su un taglio dell'irpef con gli 85 euro, si fossero usati per tagliare gli oneri del costo del lavoro, avremmo avuto un effetto triplo rispetto al taglio irpef e maggiore anche se si fossero usati per ridurre l'Irap.
Il taglio del costo del lavoro, assumendo che con questo le imprese riducano il prezzo dei beni, comporterebbe maggiori consumi e maggiori esportazioni. Nel caso dell'Irpef si passa attraverso la propensione al consumo con effetti quindi molto minori. In questo caso si è tentato, non sono sicura che ci si sia riusciti, di concentrare le risorse sulle fasce meno abbienti. Questo comporta un effetto moltiplicatore più forte, in quanto la propensione al consumo è inversamente proporzionale al reddito.

La Commissione Europea ha criticato fortemente la nostra politica sull'apprendistato. Il Jobs Act può migliorare la situazione?
Il Jobs Act va nella direzione di aumentare la flessibilità del mondo del lavoro. In una fase di ripresa le imprese, prima di assumere un nuovo lavoratore, cercano di sopperire con straordinari e simili, in attesa di capire se la ripresa è strutturale o momentanea. Che l'occupazione non salga subito nei periodi di crescita è normale, quindi in pratica si dice alle imprese di assumere comunque contando che possono licenziare se la crescita non si stabilizza. Sicuramente il Jobs Act non è una soluzione decisiva per uscire dalla crisi del mercato del lavoro, ci sono interventi che prevede di mettere in atto, ma che per ora non si vedono.

Cosa può fare l'UE per aiutare il mercato del lavoro?
Molto poco, l'UE eroga fondi che spesso non vengono usati o usati male, quindi dovremmo essere noi prima di tutto a comportarci meglio. Certamente positivo è la Garanzia Giovani che dovrebbe garantire un lavoro o una formazione entro breve tempo ai giovani che si trovano disoccupati.

Lei ha evidenziato come in questo periodo di crisi e ristrettezza del credito da parte delle banche, le grandi imprese abbiano ovviato andando ad autofinanziarsi sul mercato con emissione di fondi o aumenti di capitale, per le PMI che non possono invece ricorrere al mercato e sono strangolate dal credit-crunch?

Le banche quest'anno saranno sottoposte agli stress test ed alla Asset quality review, per cui fino alla fine dell'anno non prevedo un allentamento della situazione di credit-crunch. Oltretutto in presenza di imprese e famiglia che hanno difficoltà a pagare i debiti contratti. Una volta avuto il via libera dalla BCE si può ipotizzare una crescita del credito anche sostenuta.

Come la Presidenza del semestre a guida italiana può influire sulla situazione? E' ipotizzabile una revisione dei trattati di Maastricht e del Fiscal Compact?

Credo che l'Italia debba presentarsi con una credibilità necessaria ad ottenere una flessibilità maggiore nei parametri vigenti per aiutare l'uscita dalla crisi. Consideriamo che la flessibilità dei parametri, come il "tendenziale", sono già previsti nei trattati, quindi si tratta di darne un'interpretazione più favorevole e meno stringente. Consideri che tutto è definito con il termine "strutturale", e tutto è valutato in termini di previsione, quindi tutto è discutibile. Se l'Italia e i suoi governanti hanno sufficiente autorevolezza per non passare per quelli che cercano di truccare le carte, si possono interpretare i vincoli in modo più intelligente e questo è molto importante. Se provassimo a ricontrattare i trattati faremmo la figura di non essere in grado di tenere comportamenti virtuosi, perché i debiti li abbiamo fatti noi, quindi non ricontrattazione, ma interpretazione.

Quali scenari prevede con le prossime elezioni europee oramai imminenti?

Prevedo un voto di protesta che poi non porta a niente, chiaramente sarebbe un campanello d'allarme importante. Ci saranno una forte astensione ed un voto di protesta che non necessariamente sarebbero presenti in elezioni politiche nazionali. Potrebbe anche essere positivo per far variare le politiche europee nel senso sopra detto, vedendo il sentimento avverso queste prolungate politiche di austerità.

Riguardo l'export delle imprese come lo vede? Quali strumenti si potrebbero usare per aumentarle?

L'export è l'unica cosa positiva, possiamo dire, certo potrebbe andare meglio e ci sono paesi come la Germania soprattutto, ma anche la Francia che va male, hanno ottenuto molto di più. Sicuramente le nostre imprese sono gravate da costi molto elevati, costi del lavoro, costi dell'energia, burocrazia. Abbiamo poi l'annoso e dibattuto problema della bassa produttività sistemica, questo unito alla media piccola dimensione delle imprese che si devono confrontare nello scenario internazionale rispetto ad altri paesi. Le nostre medie imprese vanno molto bene, ma il tessuto delle piccole imprese soffre enormemente il dimensionamento ridotto.

E' ipotizzabile un'uscita dall'euro come propugnato da alcune forze politiche?
Non è tecnicamente concepibile e sarebbe comunque un disastro. Non potremmo più prendere a prestito un solo euro per esempio. Ricordiamo poi che il 40% del nostro debito risiede all'estero.

18 maggio 2014

Massimiliano Salini (NCD): ridefinire le politiche agricole in Europa

Quarantunenne della provincia cremonese, una laurea in Giurisprudenza nell'Ateneo di Milano, dove è stato anche membro del Senato Accademico e poi Presidente della Conferenza degli Studenti e componente del Comitato Regionale di Coordinamento delle Università lombarde. Dopo la laurea in Diritto Costituzionale si dedica alla politica nello staff del presidente della Giunta regionale lombarda, fino a divenire Presidente della provincia di Cremona, eletto al primo turno come indipendente in una coalizione di centro-destra. Parliamo di **Massimiliano Salini**, che Futuro Europa ha intervistato nella sua veste di Candidato alle Europee per la Lista NCD-UDC-PPE nella Circoscrizione Nord Ovest.
Il suo slogan per queste elezioni è "Riprendiamoci l'Europa". Nel suo programma troviamo la reinterpretazione delle regole attinenti il fiscal compact, una diversa applicazione dell'austerity, la valorizzazione delle imprese manifatturiere europee e della specificità della nostra agricoltura. A questo aggiunge una maggiore integrazione ed armonizzazione dei modelli sistemici dei vari stati membri per arrivare ad una uniformità che porti ad una Europa unita e politicamente forte.

Considerando anche l'indotto generato, l'agroalimentare arriva a rappresentare il 13,9% del PIL italiano, un peso tra l'altro in tendenziale crescita dal 2008. Eppure la remunerazione ai produttori si attesta ad un misero 3%. Come ritiene si possa migliorare l'attuale situazione?

Il nostro intervento in Europa è orientato proprio verso una nuova definizione delle politiche agricole europee volta a migliorare tutto il comparto agroalimentare italiano. La formulazione attuale, ad esempio, tende a premiare prevalentemente i grandi proprietari terrieri rispetto ai piccoli produttori e in molti casi i veri beneficiari sono gli stessi proprietari terrieri: la regina d'Inghilterra riceve diversi milioni dalla PAC, così come numerose imprese multinazionali! Inoltre, in base alle prime simulazioni, la nuova politica comunitaria colpisce pesantemente l'agricoltura intensiva – che è un nostro specifico patrimonio – e la zootecnia da latte in particolare. Dobbiamo fare in modo che l'Europa si orienti verso un'integrazione dei diversi modelli, tenendo conto delle caratteristiche geografiche e demografiche dei diversi Paesi.

La filiera agro-alimentare risente di un costo del trasporto su gomma delle merci decisamente superiore a Spagna, Francia e Germania; questo rende le nostre imprese poco competitive sul mercato globale e le costringe a cercare sbocchi sui mercati esteri. In quale direzione operare per ridare competitività e slancio alla produzione italiana?
Bisogna in primo luogo rivedere tutta la politica dei costi di trasporto cercando di ottimizzare gli spostamenti e questo è possibile solo attraverso un consistente sviluppo delle infrastrutture locali. Molti progetti sono già stati avviati sia a livello stradale come la Pedemontana, la Brebemi, la TEM, sia ferroviario come la Tav Torino-Lione, ma bisogna portarli a termine e svilupparne altri verso un'integrazione totale del trasposto terrestre, marittimo e aereo.

Come superare i problemi creati dal fatto di avere una moneta unica e 18 bilanci nazionali?
I problemi si superano attraverso la creazione di una politica fiscale comunitaria in grado di ridistribuire correttamente le risorse economiche tra i Paesi in surplus e quelli in disavanzo, creando così un equilibrio tra gli Stati membri ed evitando situazioni drammatiche come accaduto in Grecia. La creazione di un'unione fiscale offrirebbe sostegno reciproco agli Stati dell'Unione e ridurrebbe la volatilità dei redditi nazionali all'interno dell'intera regione monetaria: maggiore stabilità e omogeneità fra le economie nazionali.

I mercati a Km. zero come si possono inserire nel mercato agro-alimentare italiano? Su questa tipologia non esiste nemmeno una legge nazionale, ma solo regolamenti locali.
Il mercato a km. zero ha una quota ancora molto piccola per far sentire la sua voce. Indubbiamente è necessario svilupparlo con intelligenza, ma al momento l'Italia deve intervenire per contrastare alcune norme dell'Unione Europea in merito all'eliminazione delle etichette su alcuni prodotti come pasta, caffè e molti altri, nonché per valorizzare la qualità della filiera agroalimentare italiana.

23 maggio 2014

Tiziana Ferrari (Unindustria): FARETE, un ponte verso il futuro

Si è svolta lunedì e martedì la terza edizione di FARETE, un contenitore realizzato congiuntamente da Unindustria Bologna e Legacoop Bologna, un'insieme di eventi volto a realizzare una di quelle reti che sono nei programmi strutturali della UE per l'arco 2014-2020. Nei numeri del Presidente Alberto Vacchi, 13.000 visitatori con un aumento del 30%, 600 imprese e 2.980 ospiti. Abbiamo seguito la due giorni, registrando una serie di eventi e workshop di altissimo livello, con l'intervento di personaggi della statura del Presidente Romano Prodi e del Presidente emerito della Corte Costituzionale Valerio Onida, oltre ad imprenditori e personalità del mondo della cultura. Si è svolta anche un'edizione di FARETE TALK, una carrellata di mini-interventi di 20 minuti per raccontare come le idee e le persone possono innovare ed introdurre nuovi modi di fare impresa. La manifestazione si è avvalsa di un'ottima organizzazione e regolata in tempi e modi precisi come il famoso orologio svizzero, il tutto coordinato dall'ufficio stampa di Unindustria, sempre pronto a rispondere ad ogni richiesta. Nell'occasione, abbiamo potuto intervistare l'ideatrice di FARETE **Tiziana Ferrari**, Direttore Generale di Unindustria Bologna.

Come è nata l'idea di questa manifestazione?

Fu tre anni fa che ipotizzammo di dare un format diverso alla nostra assemblea pubblica, e l'idea nacque fu di non chiuderci al nostro interno, ma di aprirci alla Lega delle Coop che fornisce molto lavoro alle nostre piccole imprese. Quindi chiedemmo a Calzolari, l'allora presidente, di fare questo matching, e devo dire che è ben riuscito. Siamo partiti da una piattaforma di 150 imprese su 4.000 mq., l'anno scorso c'erano 300 imprese su 8.000 mq. Quest'anno più di 600 aziende su 24.000 mq. C'è stata una crescita esponenziale perché questo avvenimento viene vissuto non come una fiera, ma una piazza dove si va e per 2 giorni si instaurano relazioni.

All'interno di FARETE, avete proposto anche il format FARETE TALK.

È un altro esperimento, un contenitore che non é fatto solo di relazioni, ma anche di contenuti. Per 2 giorni si svolgono 45 workshop su tematiche diverse, poi abbiamo un palco centrale dove si svolgono grandi temi ed abbiamo provato a sviluppare la logica del TED, che magari non è tanto famigliare a molti imprenditori, ma può sviluppare un pensiero trasversale riguardo le loro attività. Abbiamo coinvolto gli organizzatori di TED a livello bolognese ed è nato questo esperimento, a mio avviso è andato molto bene, riuscendo a trasmettere dei messaggi molto forti. L'ultimo intervento di Beatrice Vio di ieri è stato molto toccante.

Anche l'intervento dell'economista prof. Andrea Fumagalli riguardo il reddito di cittadinanza è stato molto interessante.
Tutti sono stati scelti apposta per andare fuori dalle righe e dai contesti interni.

Il pensiero laterale ha potenzialità elevatissime, non pensa che sia ancora poco sfruttato in modalità d'impresa?
Devo dire che nelle aziende sempre di più si sta diffondendo questo modus, unendo anche merceologie diverse e facendo brainstorming e progettazione per arrivare a realizzare uno specifico prodotto.

Abbiamo visto una ampia partecipazione internazionale.
Verissimo, l'anno scorso abbiamo chiamato, all'inizio del mese di novembre scorso, i nostri associati e gli abbiamo chiesto "quali sono i buyers, le aziende straniere che vorreste raggiungere?". Abbiamo poi fatto una prima scrematura, invitando quindi le prescelte a venire mandandogli i company profiles. Si sono presentate qui 30 aziende con uffici acquisti, e non con mediatori, che sono due cose molto diverse. per incontrare le nostre imprese. Abbiamo già il riscontro di 300 incontri, uno ad uno, su cui si sono presentati e hanno capito cosa si può fare. Ci sono i russi, i paesi del nord, gli USA, il far east, insomma da tutto il mondo. Quest'altro anno investiremo molto perchè io vorrei raddoppiare questi numeri.

Vi attendete quindi riscontri anche pratici?
Vedremo con il tempo quanti incontri si tradurranno in ordini, le aziende dicono di avere incontrato la persona giusta, adesso vedremo se questo contatti si tradurranno in fatturato.

Il nuovo portale Unindustria rientra in questo discorso di tradurre interesse in ordini?
Serve alle piccole imprese per capire quale mercato è meglio aggredire, per evitare che si dirigano su mercati dove pensano di avere sbocchi, ad esempio in Cina, quando invece i dati dicono che il loro mercato potenziale è la Russia. È un portale assolutamente gratuito su cui i nostri associati non pagano nulla, e questo è molto raro ed importante.

Altri progetti all'orizzonte?
Nell'ambito dei fondi europei, il progetto Horizon 2020 ha chiuso la prima call a metà agosto con un bando rivolto alle PMI. Sono stati presentati 4.000 progetti, preselezionati dall'Unione Europea cui hanno partecipato 21 paesi, praticamente tutti quelli della UE, e l'Italia è stata assegnataria di 21 di questi. Ben due dei programmi approvati sono nostri, aziende piccole e medie che sono legate al settore manifatturiero che noi abbiamo sostenuto ed incentivato.

13 settembre 2014

Giuseppe Turani: l'Europa ci chiede "solo" riforme strutturali nei conti

Direttore della sezione Economia e Finanza all'Espresso, responsabile della sezione economia al quotidiano La Repubblica di cui fu anche direttore del supplemento Affari e Finanza, editorialista economico per la Rai, quindi con lo stesso ruolo per Il Mondo, il Corriere della Sera, Capital e L'Europeo. Attualmente direttore di Uomini e Business, **Giuseppe Turani** è uno dei più stimati e competenti giornalisti ed esperti economici italiani oltre che autore di innumerevoli opere editoriali. Alle indiscusse competenze tecniche associa una piacevolezza di stile che rende comprensibile a tutti un argomento tecnico ed ostico come la finanza. Abbiamo raccolto la sua disponibilità a rilasciarci questa intervista.

Secondo Lei cosa si aspetta l'Europa dall'Italia?

L'Europa dall'Italia si aspetta che rispetti il limite del 3% perché abbiamo un grosso debito, poi però si aspetta anche che vengano fatte le riforme in quanto se non vengono fatte non ce la faremo mai. Adesso sono diventati tutti keynesiani, io sarei anche d'accordo di sforare per 2-3 anni il limite, ma temo che quei soldi poi non andrebbero a buon fine, ma a pagare la spesa corrente, è il vecchio assioma che si regala del pesce invece della canna da pesca.

Cosa può fare l'Italia nel semestre di Presidenza?

Credo che Renzi abbia compreso che si tratta di poca roba, la Commissione al momento non c'è e quella nuova sarà pienamente insediata a novembre, quindi se ne parlerà bene o male l'anno prossimo. L'Europa è una macchina decisionale che ha tempi lentissimi, anche 10 volte quelli italiani che sono già i più lenti d'Europa. Renzi può continuare a dire che saremo la locomotiva, ma non gli crede nessuno.

E' lecito aspettarsi che la Commissione Europea adotti un'interpretazione più favorevole rispetto i limiti di bilancio?

Non credo, comunque l'allentamento dovrebbe avvenire a fronte di severissimi tagli che portino al risanamento del bilancio. Temo che il combinato disposto politico-burocratico-sindacale produca quello che è il risultato odierno. Se avessimo speso, come dicevo prima, in canne da pesca, avremmo il paese più moderno d'Europa.

La UE ha chiesto da tempo all'Italia due riforme strutturali che ritiene fondamentali, il mercato del lavoro e la PA. Ritiene che il governo Renzi avrà la forza di intervenire su questi due versanti?

Io ho i miei dubbi, questo discorso delle riforme si trascina dai tempi di Monti e anche prima. Adesso qualcuno propone una sorta di liberalizzazione, tipo sospensione dell'art.18 per i primi tre anni. Io penso che il diritto del lavoro italiano andrebbe semplicemente raso al suolo e riscritto, oramai è una cosa senza senso. Però credo che questo coraggio non ci sarà e non penso Renzi ci possa riuscire. Lui gode di un grosso consenso popolare, ma finora ha fatto poco, ha regalato gli 80 euro, bene, ma per tagliare effettivamente la spesa pubblica deve dare dei dispiaceri, se fa questo farebbe il bene del paese e dei conti, ma perderebbe il consenso, finora ha evitato di farlo, ma prima o poi andrà fatta.

Si parla di un buco da 20 miliardi di euro, per rientrare nei limiti del 3% ci dobbiamo aspettare la vociferata manovra autunnale?

La manovra secondo me non ci sarà, perché se Renzi si presenta in ottobre con una manovra da 20 miliardi gli corrono davvero dietro, lo nasconderanno o magari lo rinvieranno di 6 mesi, ma il problema rimane che abbiamo preso soldi a debito per pagare beni e servizi pubblici. Tutte cose sacrosante, ma pagate a debito e con un livello medio di benessere che in realtà non c'era, era finto, ora bisogna andare verso quello vero che è più basso.

Draghi ha dichiarato che per i Paesi dell'Eurozona è arrivato il momento di "cedere sovranità" all'Europa per quanto riguarda le riforme strutturali, che visione ha di quanto detto dal Presidente della BCE?

Quando Delors e gli altri statisti dell'epoca decisero di introdurre l'euro, lo fecero proprio perché si erano resi conto che nessuno voleva cedere sovranità. Intelligentemente pensarono che avendo una moneta unica questa trascinasse tutti verso le riforme strutturali. Se non si faranno le riforme prima o poi ci troveremo la troika in casa, questa non avendo bisogno di cercare i voti le farà lei.

L'Argentina è nuovamente in default, ritiene che se fosse stata dentro un sistema come l'Eurozona con le reti di protezione che questo garantisce sarebbe riuscita a salvarsi?

Ci sono dei matti che vogliono uscire dall' euro, questi pensano che quando servono soldi il Tesoro telefona alla Banca d'Italia e stampa i soldi che servono. Questa è una sciocchezza abissale, falliremmo in una settimana.

Ritiene che le norme del six pack che sono molto più cogenti e che implicano un controllo ante e non post dei bilanci ci mettano al riparo da altre future evenienze di questo tipo?
Questo dovrebbe evitarlo, ma i controlli non è detto che siano così semplici. La SEC ha poteri enormi, eppure le società finanziarie sono riuscite lo stesso a frodare. La Grecia si sapeva come era messa, ma serviva dentro. E' che finché tutto andava bene non importava a nessuno, scoppiata la crisi le banche sono diventate molto più attente a chi prestano soldi.

Gli economisti ritengono che se si ponesse fine all'evasione fiscale non si avrebbero maggiori entrate a disposizione, ma si pagherebbero meno tasse pro-capite ridistribuendo la pressione fiscale, quindi maggiore giustizia sociale, ma non si aumenterebbe il flottante e quindi i benefici sull'economia non sarebbero quelli pensati, è d'accordo?
Abbiamo una macchina fiscale repressiva e burocratica, farraginosa e piena di pertugi. La pressione reale oggi è al 53%, se riuscissimo ad eliminare l'evasione portando la pressione fiscale al 47-48% sarebbe un bel sollievo per il paese. Sono cose che si dicono, ma non si fanno, voglio vedere chi è che riesce a far scendere del 10% la pressione fiscale.

Prometeia aveva stimato che il bonus fiscale se, anziché essere distribuito con la forma degli 80 euro, fosse stato usato per abbassare il costo del lavoro avrebbe avuto un impatto di valore triplo.
Non serviva a niente, io lo dico da mesi e con me tanti altri analisti, ci vorrebbero 40-50 miliari di euro per far ripartire l'economia. In realtà non si vuole fare niente, è un viaggiare sotto costa evitando conflitti aperti e appena si prende una decisione vera tutti si ribellano. Siamo diventati con gli anni un paese con migliaia di corporazioni dove ognuno difende i suoi piccoli, mille privilegi. In Italia quelli che vivono di politica sono quasi 1.500.000 e non producono niente se non parole, se non si taglia questo non si risolve niente. Certo portandoli a 1 milione avremmo mezzo milione di stipendi in meno, non è bello, ma se non si comincia non ne usciremo mai.

14 agosto 2014

Presidente Emerito Corte Costituzionale Valerio Onida:
Riforme, sbagliato concentrare il potere nel capo dell'esecutivo

Professore ordinario di Diritto costituzionale all'Università degli Studi di Milano dal 1983 al 2009, il Presidente Emerito della Corte Costituzionale **Valerio Onida,** venne eletto giudice costituzionale dal Parlamento in seduta comune il 24 gennaio 1996, diviene presidente della Corte costituzionale il 22 settembre 2004. A tutta questa prestigiosa carriera aggiunge la Presidenza dell'Associazione Italiana dei Costituzionalisti, Presidente del Comitato Direttivo della Scuola Superiore della Magistratura, per la sua altissima statura personale di esimio costituzionalista viene chiamato dal Presidente della Repubblica Giorgio Napolitano a far parte del cosiddetto "Comitato dei saggi" per l'elaborazione di leggi in campo economico e sociale. A tutte le sue attività di giurista ha aggiunto una serie di testi che sono la base di studio per studenti di ogni grado ed esperti del settore. Considerato da molti il primo giurista e costituzionalista italiano, abbiamo avuto l'opportunità di intervistarlo nel suo studio di Milano constatando anche quanto il Presidente sia persona disponibile.

Presidente, già nel 1969 lei considerava il pareggio di bilancio in Costituzione un obiettivo politico e non giuridico, argomentando che se lo si fosse considerato giuridico si sarebbe dovuto dettare un combinato rigido in maniera tale che ad ogni uscita corrispondesse una pari entrata. Siamo quindi di fronte solo ad una mera enunciazione di principio?

Prima della recente riforma dell'articolo 81 della Costituzione non si poteva parlare di un obbligo costituzionale di pareggio. Nemmeno il nuovo articolo 81 parla di "pareggio", ma si limita a stabilire che "lo Stato assicura l'equilibrio fra le entrate e le spese del proprio bilancio", tenendo conto dell'andamento del ciclo economico. Non è però facile, in concreto, definire questo equilibrio. Sicuramente oggi si tratta non più solo di un obiettivo politico, ma di un vincolo costituzionale. Il fatto è che in passato si è espanso a dismisura il debito pubblico, dimenticando che, come in una famiglia, quando si assumono debiti bisogna anche prevedere il modo di ripagarli Oggi paghiamo quella dimenticanza.

Molti economisti, compreso il comitato dei grandi 8 saggi statunitensi (tra cui 5 Nobel) sull'argomento del pareggio in bilancio appuntano anche come questo ponga l'amministrazione pubblica in svantaggio rispetto al privato, in modo particolare in particolari cicli economici quando potersi indebitare per investimenti strutturali sarebbe un fatto positivo, Lei concorda con questa impostazione?

Come i privati, anche lo Stato dovrebbe avere la possibilità di ricorre al deficit spending *quando questo risponda a meditati criteri di politica finanziaria. Per questo ho dei dubbi sulla opportunità della riforma costituzionale, pur con tutti i temperamenti che la caratterizzano. Ancor più dubito dell'opportunità di trovarsi a far decidere da una Corte costituzionale se un certo bilancio sia o non sia conforme a criteri che sono essenzialmente politico-economici. Ma, appunto, paghiamo ora gli eccessi della finanza "allegra".*

A FARETE ha ricordato come l'art.4 della Costituzione definisca come lavoro qualunque attività concorra al progresso della Società, il giorno prima il prof. Fumagalli aveva asserito come il reddito di cittadinanza vada inteso, non come rendita ai "fannulloni", ma come un investimento sulla persona che in questo modo condorrebbe al miglioramento della società. Lei ritiene quindi che le dichiarazioni del prof. Fumagalli trovino riscontro nel dettato Costituzionale citato?

La Costituzione parla di un dovere di tutti di lavorare, nel senso di svolgere "un'attività o una funzione che concorra al progresso materiale o spirituale della società". IL lavoro non è solo lo strumento che mi dà i mezzi per mantenere me e la mia famiglia, ma è anche un mio contributo per concorrere al progresso della società. Perciò, per esempio, sarebbe giusto che le forme di sussidio che devono essere date a chi non abbia un lavoro, per garantire a tutti il godimento dei beni essenziali per vivere, venissero accompagnate, per chi è in condizione di lavorare, da attività di formazione, da aiuti concreti per trovare o ritrovare un impiego, e dall'obbligo di accettare opportunità di lavoro: non dovrebbe trattarsi di puro assistenzialismo.

Cosa ne pensa delle modifiche in corso d'opera adesso, le Province abolite che in realtà non spariscono?

Sono contrario all'abolizione pura e semplice delle Province in tutte le Regioni, comprese quelle più grandi. In una Regione grande come la Lombardia, con 1.500 Comuni, non è pensabile che non vi siano enti di governo territoriale intermedi. Le Province potrebbero essere eliminate nelle Regioni più piccole, e per il resto razionalizzate anche riducendole di numero: ma non dovrebbero sparire, nemmeno nella Costituzione.

Il Senato che dovrebbe sparire ed invece diventa qualcosa tipo la Conferenza Stato-Regioni, il suo pensiero su questo? Un Senato come quello che viene prospettato non appare molto simile, se non un doppione, della Conferenza Stato Regioni?

Il Senato in realtà non sparisce, ma si trasforma, secondo il progetto in discussione, in un'assemblea che non sarebbe più uguale alla Camera eletta su base politico-partitica dai cittadini, e non sarebbe più titolare delle stesse attribuzioni. Diverrebbe un'assemblea rappresentativa delle istituzioni regionali, col ruolo di portare al centro, in Parlamento, nella sede della legislazione statale, la voce delle Regioni. Sarebbe bene che le delegazioni delle singole Regioni, che formeranno il Senato, votassero in esso in modo unitario, portando appunto la voce della Regione in quanto tale. La Conferenza Stato-Regioni è un'altra cosa, è uno strumento di raccordo e consultazione fra esecutivo statale ed esecutivi regionali, sul piano amministrativo.

Ritiene che la Costituzione vada bene così com'è o che abbia bisogno di modifiche? Consideriamo anche che oramai ha una settantina d'anni, una revisione potrebbe essere consigliabile? Quali modifiche apporterebbe nel caso?

La Costituzione va benissimo così com'è nel suo impianto, poi che si possano apportare modifiche di dettaglio è senz'altro vero. Di queste ve ne sono state già diverse. Sicuramente non si dovrebbe toccare la forma parlamentare di governo, cedendo alle spinte verso sistemi di forte concentrazione del potere nel capo dell'esecutivo. Nel vero presidenzialismo, quello modello USA, c'è un equilibrio perché il Presidente si confronta con un potere parlamentare forte, del tutto indipendente, e spesso espressione di una maggioranza diversa da quella che ha eletto il Presidente medesimo. Il "presidenzialismo all'italiana", che si esprime in certe proposte, esprimerebbe invece un capo dell'esecutivo eletto direttamente che controlla anche la maggioranza parlamentare, quindi senza equilibrio. Anche l'idea di una legislazione elettorale che produca artificiosamente un bipolarismo fra uno schieramento di governo e uno di opposizione, rigidamente predeterminati al momento delle elezioni, con eliminazione di ogni terza forza ed esclusione di coalizioni formatesi dopo le elezioni sulla base dei risultati di queste, secondo me è inopportuna: produrrebbe una forte polarizzazione degli schieramenti con possibile prevalenza di posizioni estremistiche. Che esista invece uno spazio di incontro e talvolta anche di collaborazione fra forze contrapposte in Parlamento è invece fisiologico e in certi casi opportuno.

La Costituzione americana era già tacciata di essere una legge aristocratica per assicurare un potere oligarchico a scapito delle masse dagli studiosi di Madison, tale accusa è stata

estesa anche a quella italiana per i 3 governi non eletti che si sono succeduti in questi
anni, qual è il suo parere su queste interpretazioni?

*Nelle odierne democrazie di massa il problema non è quello di un'alternativa fra
aristocrazia e democrazia, ma dei soggetti collettivi (i partiti) che sono chiamati a
raccordare società e Stato, veicolando e anche orientando e guidando le istanze della
"base" nelle istituzioni, non semplicemente inseguendo il consenso più facile per
impadronirsi del potere. Le istanze populistiche e le idee dell'"uomo solo al comando"
portano non a una democrazia diretta, ma ad una democrazia apparente.*

Stiamo assistendo in questi giorni al triste spettacolo della "non nomina" dei membri di
nomina parlamentare della Corte Costituzionale, quali modifiche apporterebbe per
evitare il ripetersi di tali avvenimenti? Il semplice abbassamento del quorum non è una
soluzione sbrigativa?

*Non è la prima volta che succede, abbiamo avuto attese anche di anni. Sicuramente non è
una bella cosa, anche se la Corte è in grado di operare pur senza essere al completo. Le
difficoltà odierne sono solo politiche, in relazione alla scarsa compattezza dei gruppi
parlamentari. Non toccherei il quorum elevato, il quale dovrebbe garantire che le scelte,
pur proposte da una o da altra parte, trovino un consenso largo in ragione delle qualità dei
designati.*

All'atto dell'emanazione della Carta di Nizza sui diritti dei cittadini europei, mise in
risalto come all'estero essa venisse vista come base costituzionale, ma altrettanto non
valeva per il la Corte Costituzionale italiana, se non a fatica. Ad oggi qual è lo stato
dell'arte del recepimento della Carta di Nizza nel diritto italiano?

*La "Carta di Nizza, oggi entrata a far parte dei Trattati, è la carta dei diritti dei cittadini
dell'Unione europea, cui devono conformarsi anzitutto le altre norme dell'Unione: peraltro
nei contenuti non è molto diversa dalle Carte costituzionali nazionali come la nostra, e dalla
Convenzione europea dei diritti dell'"uomo, cui aderiscono 47 Stati dell'Europa, dalla Gran
Bretagna alla Russia e alla Turchia. La Carta dell'Unione ha qualcosa in più, non tanto
rispetto alla nostra Costituzione, quanto rispetto alla CEDU (così in materia di diritti sociali),
pur ispirandosi e conformandosi per il resto alla stessa CEDU.*

In caso di conflitto tra diritto europeo ed italiano la prevalenza è sempre di quello
interno?

*Il diritto dell'Unione europea prevale su quello nazionale. Deve essere recepito nella
legislazione nazionale quando lascia agli Stati membri la scelta dei modi di attuazione. Oggi
peraltro gran parte delle norme europee sono "auto-applicative", e dunque devono essere
applicate dai giudici nazionali anche in luogo delle norme interne che vi contrastino (le
quali, in ragione di tale contrasto, sarebbero altresì incostituzionali). In caso di dubbio
sull'interpretazione di una norma europea, il giudice italiano pone il quesito alla Corte di
Giustizia dell'Unione. L'unico caso in cui il diritto dell'Unione non prevarrebbe su quello*

italiano è quello, largamente ipotetico, in cui si dovesse riscontrare che la norma europea contrasti con i principi supremi del nostro ordinamento costituzionale.

In merito alla precedente domanda se si ritiene l'art.30 della Carta di Nizza dove si tratta della tutela dai licenziamenti ingiustificati, una abrogazione dell'art.18 dello Statuto potrebbe dare adito a ricorsi e conflitti considerando che la modifica dell'art.117 ha dato valenza costituzionale alle norme europee ponendole quindi tra la nostra Costituzione e la legislazione ordinaria?

Per il nostro diritto, il licenziamento è legittimo solo se vi è giusta causa o giustificato motivo. Il problema oggi discusso non è però quello se si possa considerare legittimo (e non si potrebbe) il licenziamento senza giusta causa, ma è quello della sanzione conseguente all'accertamento della mancanza della giusta causa, se cioè debba consistere, come oggi è nelle imprese con più di 15 dipendenti, nel reintegro del lavoratore (cosiddetta tutela reale), o in una sanzione economica. L'articolo 30 della Carta di Nizza dice che "ogni lavoratore ha il diritto alla tutela contro ogni licenziamento ingiustificato, conformemente al diritto comunitario e alle legislazioni e prassi nazionali", ma non dice quale debba essere la sanzione per il licenziamento ingiustificato, cioè che esso debba sempre essere il reintegro.

17 ottobre 2014

Andrea Fumagalli: Jobs Act e Quantitative Easing, terapie inefficaci?

Classe 1959 e laureato in Discipline Economiche e Sociali all'Università Bocconi di Milano con una tesi sui processi inflazionistici avendo tra i relatori il prof. Mario Monti, **Andrea Fumagalli** è uno dei più stimati ed eminenti economisti italiani. Membro del Research Committee dell'ECSB (European Council of Small Business), professore associato di Economia Politica presso la Facoltà di Economia dell'Università di Pavia e con incarichi in numerose istituzioni e riviste, a lui abbiamo chiesto un parere sul tanto discusso Reddito di Cittadinanza e sul recente Quantitative Easing della BCE.

Riguardo il Reddito di Cittadinanza di cui fu relatore a FARETE, mi pare si possa dire che più che di cittadinanza Lei intenda piuttosto un Reddito di Esistenza, cioè una base salariale minima uguale per tutti a prescindere dall'essere o meno occupati.

Esatto, è l'argomentazione che io porto avanti da alcuni anni. In primo luogo preferisco utilizzare la dizione "Reddito di base" o "reddito di esistenza" perché il termine "reddito di cittadinanza" può essere facilmente equivocato a seconda dell'idea che si ha di "cittadinanza". La giustificazione di un reddito di base (basic income) sta nella constatazione che nell'attuale paradigma di accumulazione capitalista, molte nostre attività di vita (cura, formazione, svago, consumo, attività artistiche-culturali, sportive, ecc.) sono in modo diverso parte integrante di un processo di valorizzazione, di cui solo una piccola parte – quella certificata da un rapporto di lavoro che prevede una remunerazione – viene riconosciuta e certificata. Da questo punto di vista, il reddito di base non è strumento di assistenza ma piuttosto e forma di remunerazione di una attività produttiva di valore gratuita (e infatti purtroppo il lavoro non pagato si sta pericolosamente estendendo, vedi il caso Expo Milano 2015). Il reddito di base è dunque "reddito primario", elemento che interviene in modo diretto nella distribuzione della ricchezza tra salari, profitti e rendite, Parliamo di "distribuzione" non redistribuzione, e ciò significa che il reddito di base è una porzione della ricchezza sociale, e deve essere finanziato dalla fiscalità generale recuperando quote di profitto e rendita.

Se il nesso produzione-occupazione non è più valido in quanto come ha descritto l'evoluzione informatica incide sul "come produrre" e non sul "prodotto", il Jobs act che effetti potrà avere?

Difficilmente il Jobs Act potrà favorire la crescita di lavoro. Potrà forse aumentare l numero degli occupati grazie all'effetto sostituzione "lavoro precario/lavoro stabile", ma con conseguenze disastrose per la crescita economica e la qualità della produzione, perché in Italia è proprio l'eccesso di precarizzazione che riduce la produttività e la competitività delle imprese italiane. Riguardo l'art.18, esso era stato già fortemente depotenziato e smantellato dalla riforma Fornero e comunque riguarda una parte minore (seppur consistente) della forza lavoro, visto che riguarda solo i dipendenti stabili in imprese con più di 15addetti i. Il jobs act rientra in quella politica economica che io chiamo "dei due tempi", cioè prima si interviene cercando di diminuire il costo del lavoro con la precarietà e la riduzione dei diritti, ritenendo (in modo del tutto pretestuoso e ideologico) che ciò possa essere sufficiente a permettere alle imprese di tornare ad investire all'interno di un mercato globalizzato. Se tutto questo si verificasse comincerebbe, poi, il secondo tempo in cui le imprese crescendo creano occupazione producono reddito e magari qualche briciola potrà finanziare un po' più di "sicurezza sociale". Negli ultimi 30 anni abbiamo sempre visto solo il primo tempo, e alla fine il secondo non è mai arrivato nè mai arriverà. E' il discorso della "flex security", flessibilità del lavoro prima e sicurezza sociale poi. Io credo che oggi prima di tutto dobbiamo constatare che queste politiche non hanno funzionato: non solo, hanno anzi peggiorato la situazione, impedendo la possibilità di sfruttare al meglio le nuove forme di economia di scala che stanno alla base della crescita odierna della produttività: le economie di apprendimento e di rete. Esattamente come è successo e sta succedendo con le politiche di austerity che lungi dal ridurre il debito pubblico lo hanno anzi fatto aumentare.

Se la crescita della produzione è quindi slegata dalla crescita dell'occupazione, quali interventi sarebbero auspicabili? Rendere più competiti i prodotti?

Direi che si è confusa la causa con l'effetto. Io rovescerei i termini, Invece di parlare sempre delle modalità della produzione, parlerei delle condizioni di lavoro: garantire sicurezza e stabilità di reddito in modo consente alle persone di sviluppare al meglio le proprie capacità nel campo dell'apprendimento, soprattutto nei settori ad alto valore aggiunto, come il terziario avanzato. Quindi per favorire la competitività sarebbe necessario favorire l'accesso alle infrastrutture immateriali, alla conoscenza, ridurre la proprietà intellettuale, incentivare i processi di libera comunicazioni e sviluppare politiche di sicurezza sociale così da permettere di lavorare al meglio. In Italia, invece, si lavora tanto, (il numero annuale medio delle ore lavorate è tra i più alti d'Europa), si lavora male e si lavora poco pagati e tutto questo incide pesantemente sul processo produttivo. Si deve quindi intervenire sui fattori che minano lo sviluppo, che sono le politiche di welfare.

Quale ruolo deve avere lo Stato nel mercato del lavoro?
Se guardiamo l'evoluzione italiana in tutto lo sviluppo delle leggi sul lavoro vediamo come questo sistema è stato funzionale solo al mantenimento di certe rendite nel mercato del lavoro e agli interessi del grande padronato italiano (quello, per intenderci, che è rappresentato da Confindustria), favorendo la contrattazione individuale, la ricattabilità dal bisogno, la subalternità culturale, indebolendo e svalorizzando il lavoro come parte debole nella contrattazione. Al riguardo, vi è stata anche l'inadeguatezza dei sindacati che non hanno capito le nuove dinamiche che si sono venute a creare. In questo contesto, lo Stato si è posto come soggetto passivo se non acquiescente. Non è che neghi a prescindere l'utilità di un regolatore, ma vedrei un soggetto, anche lo stesso Stato, che espleti il suo compito sociale in una nuova forma del mercato che tenga conto della frammentazione e delle tipologie di occupazione. Da questo punto di vista sono favorevole a forme di auto-organizzazione sindacale.

Riuscirà il Quantitative Easing della BCE a raggiungere quanto si prefigge?
Sono abbastanza d'accordo, in effetti sono alquanto scettico sugli effetti del QE. Si tratta di una erogazione di soldi al sistema finanziario e bancario, nel 2012-2013 la BCE ha già fornito liquidità per mille miliardi in questi anni per ricapitalizzare le banche e permettergli di superare gli stress test.

Crescita stimata 0,4%, si pensa che il QE possa portarlo allo 0,7-0,8%, è credibile?
Ho molti dubbi al riguardo, bisogna vedere quanti e come questi 80 miliardi mensili verranno utilizzati, poiché buona parte verranno destinati a tenere basso lo spread ed abbassare il livello di debito rimborsando i creditori, che in questo caso sono le stesse banche. Viviamo in un sistema in cui le oligarchie finanziarie e la gestione dei flussi finanziari sono diventati il perno centrale del processo di valorizzazione contemporaneo: si ricorre al credito bancario solo quando le imprese hanno bisogno di liquidi per fusioni, acquisizioni o scalate. I mercai finanziari hanno oramai sostituito lo Stato come erogatori di welfare tramite i fondi pensione integrativi. Si potrebbe arrivare a una crescita dello 0,8% nel 2015 se fosse possibile (ma oggi non lo è) attuare una politica fiscale comune europea come avviene negli Stati Uniti, il cui incremento di spesa pubblica è stata finanziato oltre che dal quantitative easing anche dall'afflusso di capitali esteri. In Europa non è possibile in quanto non abbiamo una politica fiscale comune e da questo punto di vista la costruzione dell'Europa è fortemente zoppa. E' più probabile che si assista (come è avvenuto nel 2013 e in buona parte del 2014) ad una crescita degli indici finanziari ma con l'incognita di fattori destabilizzanti come le guerre ed i conflitti in essere e il calo del prezzo del petrolio. Probabilmente si amplierà la forbice tra ricchi e poveri peggiorando la crescita economica. Teniamo poi presente che la svalutazione dell'euro è in corso in realtà da 6 mesi e non

potrà continuare all'infinito, e comunque solo il 20% degli interscambi europei avviene con paesi fuori dall'Eurozona.

Il carico del solo 20% sulla BCE e del 80% sulle BCN rende molto scarsa la condivisione dei rischi, in realtà non è ipotizzabile un default, per cui il rischio è in realtà più teorico che reale, dobbiamo quindi ritenere che sia solo un contentino alla Merkel e a Weidmann per motivi di immagine interna alla Germania?
La preoccupazione della Germania è che in caso di default di qualche Stato membro dovesse intervenire il Fondo Salva stati per salvarlo. Ha quindi imposto che le eventuali perdite fossero caricate per l'80% sullo stato membro. Da un lato è un elemento stabilizzatore perché evita l'effetto domino, dall'altro è un fattore destabilizzante perché le banche creditrici possono sentirsi meno salvaguardate.

Come vede il futuro della UE? Quali riforme andrebbero introdotte?
Sono totalmente favorevole all'Europa e all'euro, ma deve cambiare radicalmente la sua politica economica. Da questo canto la vittoria di Tsipras con Syriza in Grecia può essere positiva se porta a all'indizione di una conferenza europea sul debito in cui si ridiscuta anche dell'efficacia delle politiche di austerity. Vedremo anche se in Italia il governo Renzi è veramente disposto a mettersi in gioco per favorire una reale crescita dell'economia europea. E' quindi necessaria una road map europea che porti da ora al 2020 le quote di finanziamento pubblico dei singoli stati membri dal 1 al 10% almeno nell'arco di 5-6 anni in modo che si avvii un travaso di politiche fiscali dall'ambito nazionale ad un bilancio unico europeo con una sola politica fiscale armonizzata sulle varie voci. Si deve arrivare a questo fra 20 anni con la possibilità quindi di emettere euro-bond senza chiudersi negli interessi particolaristici nazionali.

8 febbraio 2015

Andrea Goldstein: Managing Director (Policy Research Outreach) in Nomisma

Laureato alla Bocconi, esperto di paesi in via di sviluppo, già Senior Economist all'OCSE e membro di numerosi altri organismi internazionali, **Andrea Goldstein** è ora Managing Director (Policy Research Outreach) in Nomisma. Gli abbiamo rivolto alcune domande.

È stato giustamente rilevato che l'aumento delle esportazioni derivante dal calo del cambio non è sufficiente ad innescare la ripresa e che servono riforme strutturali, ritiene che il jobs act sia stato fatto in maniera intelligente o si sarebbero potute fare cose migliori?

Come giustamente lei dice non è sufficiente da una dinamica positiva del made in Italy sui mercati internazionali, questo è evidente ed è confermato in questa fase dalla ripresa della domanda interna. Le esportazioni sono una forza dell'Italia e gli ultimi dati sui distretti sono tutti positivi, continuano a crescere in modo impetuoso stanno riaggiustandosi verso gli Stati Uniti in un momento di rallentamento del mercato cinese e russo, ci sono settori che stanno spingendo, la mozzarella di bufala di Caserta sta vivendo un boom, il prosecco è un'altra storia interessante e se ne potrebbero trovare tante altre. Ci sono vari motivi congiunturali come la svalutazione o il deprezzamento dell'euro sia per una forma più robusta di competitività del sistema manifatturiero ed agro-alimentare. A questo punto è ovvio che a questo punto perché tutto si consolidi c'è bisogno di un aumento della domanda interna, questo trend si vede sui consumi di beni strutturali e durevoli.

C'è chi dice che si era toccato il fondo e si poteva solo aumentare.

No, c'è un aumento della domanda di credito, ci sono studi che dimostrano come il bonus degli 80 euro è andato, almeno in parte, in consumi.

Andrea Fumagalli quando lo intervistai pronosticò che il jobs act avrebbe spostato forza lavoro dal tempo determinato all'indeterminato, ma non avrebbe portato a nuove assunzioni, i dati Istat hanno poi confermato questo spegnendo di parecchio i toni trionfalistici del governo, ritiene esatta questa valutazione?

Il jobs act sta dando i primi risultati, non ci si può aspettare dal jobs act la soluzione a tutti i problemi, fondamentale è la domanda, se non riparte questa non riparte il lavoro e quindi l'occupazione. Ovviamente tutto questo succede meglio quando le condizioni del mercato del lavoro sono più favorevoli. E' vero che stiamo parlando di pochi mesi, il jobs act è in atto da luglio-agosto, è troppo presto per fare valutazioni. E' ovvio che le imprese non hanno assunto prima del jobs act, stanno aspettando. Sicuramente siamo di fronte ancora ad una disoccupazione molto alta, siamo al 12%, non parliamo della giovanile ed è molto alta la femminile e quella meridionale. Stiamo vivendo da tanti anni un nuovo divaricamento del processo di convergenza, il sud sta soffrendo di più, quindi la disoccupazione rimane alta, il tasso di partecipazione al mercato del lavoro rimane insufficiente e più basso rispetto a quello degli altri paesi soprattutto di quelli del nord, quindi ci sono grosse differenze territoriali. Detto questo direi che è ancora presto appunto, vedremo se i segni che adesso sono di pochi punti decimali si confermano e arrivassimo a fine con un tasso di disoccupazione del 10,5 o anche 10% sarebbe un segno.

C'è una diatriba tra Commissione Europea e Governo italiano su dove tagliare le tasse, mentre la Commissione preferirebbe il taglio delle imposte sul lavoro, il Governo preferisce incidere su quelle relative alla casa, anche Bankitalia ha espresso le stesse perplessità, quale ritiene sia o sarebbe la scelta migliore?

Io penso che sia meglio tagliare quelle sul lavoro, primo perché ha un effetto più immediato, due perché è più equo, sarebbe meglio giocare su questo piuttosto che fare polemiche su castelli e cose del genere. Sulla casa sarebbe meglio incidere sui costi notarili e piuttosto agire sul fronte delle tasse sulle transazioni. Sarebbe meglio creare un mercato dei valori mobiliari e fare sì che gli italiani investano nelle aziende piuttosto che nelle case.

La sua previsione di una crescita globale dell'economia di un 3% annuo fino al 2030 come si concilia con la previsione italiana di non arrivare nemmeno al 1%? La forbice tra noi ed il resto dei paesi industrializzati è quindi destinata ad ampliarsi?

L'Italia deve sicuramente crescere di più perché il numero delle persone che vivono qui sta aumentando con gli immigrati, mentre in altri paesi dell'est asiatico ad esempio sta diminuendo. Più gente vuol dire più capitali che affluiscono nell'economia e poi ci vuole maggiore efficienza produttiva. L'Italia rimane un'economia che ha perso un poco di vigore negli ultimi anni, ma rimane comunque tra i primi 10-12 del mondo. Bisogna fare attenzione a fare confronti con paesi più piccoli o più poveri che quindi devono crescere di più. La questione fondamentale rimane il capitale umano e quindi la scuola e l'edilizia scolastica e le infrastrutture. L'alta velocità ha fatto sicuramente bene al paese, guardiamo qui a Bologna che all'improvviso si trova al centro del paese e che ha dimezzato i tempi verso Roma e Milano. Certo bisogna evitare che ci sia il deserto fuori dalle stazioni, migliorare la ricettività dei porti ed aumentare l'efficienza dei mercati. Una misura importante è sicuramente l'accorpamento delle partecipate soprattutto se viene un processo di liberalizzazione dei servizi pubblici. Il capitalismo municipale non serve, la dimensione che serve è sicuramente superiore a quella di un Comune, l'esperienza di Tper in Emilia-Romagna è sicuramente interessante.

Il rimando continuo dell'abbattimento del debito pubblico e quindi calare la massa degli interessi pagati su questo può essere un problema?

Assolutamente, poi sono interessi che in parte vengono pagati a residenti, ma comunque con un effetto distorsivo. Sicuramente si dovrà prevedere un meccanismo di rientro che sia virtuoso tagliando le spese pubbliche improduttive, negli ultimi anni la spesa pubblica diretta è aumentata, è quella in conto capitale che è diminuita. Sono gli investimenti nel futuro che siamo molto bassi, sulla ricerca.

I Brics (Brasile, Russia, India, Cina, Sudafrica) avevano superato brillantemente diciamo, la crisi economica, ma adesso pare che i loro problemi derivino dalla struttura politica più che da quella economica, vediamo le sanzioni verso la Russia per il caso Ucraina o i guai giudiziari per il governo brasiliano, cosa è lecito aspettarsi nel futuro da questo scenario? I problemi politici potranno influire sullo sviluppo di queste economie?

Siamo di fronte a tre storie molto diverse, l'economia cinese sta vivendo un processo di ristrutturazione e ribilanciamento necessario, si è lasciato apprezzare lo yuan in un'ottica di aumentare il peso dei servizi riducendo la domanda esterna, liberalizzando anche i mercati finanziari. Questo ha avuto effetti negativi anche se gli investimenti lì continuano ad incidere per il 50%, poi si sono inseriti problemi di crediti incagliati e sovra-produzione ed improvvisamente sembra che i cinesi che ci avevano abituato a fare la scelta giusta no sappiano bene quali pesci prendere. La questione invece di Brasile, Russia e Sudafrica è diversa, sono esposte alle materie prime, quindi alla Cina, il cui rallentamento porta con sé una diminuzione dei prezzi delle materie prime. Poi ci sono situazioni politiche difficili, la Russia con le sanzioni, che si è peraltro andata a cercare, in parte il Sudafrica per problemi di governabilità e criminalità, il Brasile per il possibile impeachment del Presidente. Infine c'è l'India che sta vivendo un momento particolarmente favorevole, con un governo riformista che sta dando segnali positivi agli investitori, poi ha un mercato equilibrato dove i servizi pesano molto, poi essendo un paese ancora tipicamente rurale basta che la gente si sposti dalle campagne alla città per aumentare la produttività. Messo tutto assieme la Cina che conta molto di più, un suo rallentamento va ovviamente ad incidere sull'aggregato dei Brics.

Per finire, cosa ne pensa della situazione attuale dell'Europa e cosa cambierebbe nella governance?

Bisognerà arrivare ad un certo punto ad un federalismo molto più spinto con un bilancio unico, un consolidamento degli strumenti di indebitamento europeo, quando questo succederà non lo so, certo che oggi con 27 ministri ed altrettanti calendari elettorali questo è molto complicato e porta a passi avanti e passi indietro come abbiamo visto anche recentemente con le politiche sull'immigrazione. Si sa che ogni governo ha come primo interesse in democrazia di essere rieletto. Abbiamo visto che assegnare ad una entità monocratica la politica monetaria è stata una scelta giusta, ma azzardata in mancanza di una unità fiscale. Abbiamo visto che come nel caso Grecia che i paesi del nord hanno fatto poco per garantire la sicurezza sull'avvenire alla Grecia, ha funzionato con Spagna e Portogallo, ma non in Grecia. E' mancata la fiducia e la solidarietà verso il paese ellenico.

28 ottobre 2015

Membro Esperto del CNEL Fabrizio Onida: riforme, flessibilità, politica industriale

Laurea in Economia e Commercio alla Bocconi di Milano (1964), M.A. in Economics presso la University of Michigan, ora Professore Emerito, **Fabrizio Onida** è stato ordinario di Economia internazionale presso l'Università Bocconi dal 1983. Presidente del CESPRI – Centro di Ricerca sui Processi di Innovazione e Internazionalizzazione, dal 1989 al 1995 è stato coordinatore del Corso di Laurea in Economia Politica. Ha insegnato in precedenza nelle Università di Milano e di Modena. E' stato delegato italiano presso il consiglio Ocse per la politica della scienza e della tecnologia, presidente dell'Istituto per la Ricerca Sociale di Milano e presidente dell'Ice (Istituto per il Commercio Estero). Lo abbiamo intervistato.

Proprio in questi giorni si è fatto un gran parlare della flessibilità concessa dalla Commissione UE all'Italia, ma questa è legata ad una sostanziale riduzione del rapporto deficit/pil il prossimo anno, più che una "regalia" non pare essere una cambiale in bianco che andrà a scadenza tra 12 mesi?

Il ragionamento dovrebbe partire dal perché è necessario reinterpretare il trattato di stabilità e crescita fatto in passato a livello di Eurozona e la funzione della BCE con gli altri organismi. Fondamentalmente credo sia ancora valido il vecchio ragionamento di Romano Prodi quando disse che il patto in sé è stupido, quindi la flessibilità non è anti-patto, si tratta di adeguare le regole che gli europei si sono dati in altri tempi, quando la situazione mondiale ed europea era diversa. Quindi va bene che ci siano questi ritorni di ragionevolezza, Schauble ha usato linguaggi diversi, è vero che continuamente l'Italia sarà sotto osservazione, per via del debito. Personalmente ritengo che la flessibilità concessa all'Italia in termini di risanamento della finanza pubblica, ci stia e non ho ben capito perché continuiamo a rimuovere l'ipotesi di incremento dell'iva e delle accise. Le imposte indirette in un momento di bassa inflazione, anzi quasi 0, sono uno strumento principe, in uno scenario di bassa crescita le entrate crescono molto lentamente e la spesa pubblica si riesce a frenare con molta difficoltà, l'aumento dell'iva dovrebbe essere uno strumento principe indolore, non si può ancora gravare sul reddito da lavoro che è già ampiamente penalizzato, lei aumenta il gettito con uno strumento che si spalma sull'intera popolazione. E' chiaro che aumenta un pochino l'inflazione, ma se è -0,5 e la porta a 0 è un danno limitato.

Non pensa che un aumento dell'iva, al di là dell'aumento di pochi centesimi o euro dei prezzi, possa avere un impatto traumatico sulla propensione al consumo? A livello psicologico intendo.

Un conto è aumentare l'iva in presenza di una inflazione del 4-5%, un conto è quando è 0 o negativa, l'effetto sui consumi è molto diverso. Qui si dovrebbe aprire un'ampia discussione di macro-economia sulla propensione al consumo delle persone, ma è un fatto che l'Italia è sbilanciata ampiamente nelle tasse dal lato del reddito sulle persone, sulle imprese, e poco sulle indirette e sulle rendite finanziarie. Noto invece che i governi, non solo quello Renzi, ma anche i precedenti, hanno sempre evitato di farlo, in realtà l'aumento dell'iva è stato deliberato, ma condizionato a tutta una serie di eventi (ndr: clausola di salvaguardia). Io da economista direi che se effettivamente è necessario procurarsi delle entrate per ridurre il disavanzo come chiede l'Unione Europea, lo strumento dell'aumento dell'iva non è auto-lesionistico.

Lo scostamento ammesso dalla Commissione UE dovrebbe essere destinato e riforme strutturali, in realtà la stessa Commissione ha tempo fa mosso l'appunto che la flessibilità, che per ciclo economico doveva essere concessa solo una volta.

Le riforme strutturali sono in corso, per definizione non alterano il profilo congiunturale della finanza pubblica, ma rendono i loro effetti nel medio periodo, 3-4-5 anni, se per riforme strutturali intendiamo la burocrazia, le infrastrutture, la contrattazione, la scuola. Da economista, pur se di centro-sinistra, devo dire che il fatto che il sindacato sia così contrario alla contrattazione aziendale va contro la storia. Occorre mantenere la contrattazione collettiva perché quella è la difesa contro il continuo impoverimento del reddito, su questo non ho dubbi, ma la contrattazione aziendale dovrebbero non solo tollerarla, ma incoraggiarla, non parlo delle aziende da 20 addetti, ma da 50 in su, che sono poi quelle che producono il 70% del pil. Questo perché la contrattazione aziendale è in grado di venire incontro alla necessità di aumentare i salari, cosa assolutamente necessaria perché i salari sono bassi e per questo i consumi sono bassi e siamo un paese sempre più impoverito da questo punto di vista. Il tutto subordinato ad aumenti di produttività calcolati con certi parametri, non legati al singolo lavoratore, ma a squadre o intera azienda anche. Per fare questo ci vuole l'accoppiata tra produttività ed aumenti di salari, e voglio precisare che questo non intende ritmi lavorativi alla Charlie Chaplin spremendo il lavoratore come un limone aumentando le ore lavoro o il numero di pezzi prodotti, la produttività è se il mix di cose che l'azienda produce riesce ad avere successo sul mercato, perché a quel punto è la domanda di beni e servizi che genera reddito per l'azienda e quindi la possibilità di pagare salari migliori. Se 'azienda riesce ad avere migliori performance grazie all'opera di dirigenti, capi, quadri, lavoratori, è giusto che anche a questi vada il beneficio dei maggiori introiti, che non siano solo bonus ai dirigenti quindi.

Lei dove ritiene dovrebbero essere concentrati gli sforzi e quali riforme metterebbe in atto?

Tra le cose di cui si parla troppo è come reinventare una politica industriale 'corretta', che non è solo di difesa con interventi nelle aziende in crisi, tipo i famosi tavoli del MISE, non sono solo le grandi scelte come la privatizzazione di grandi imprese pubbliche, tema trattato anche in un volume di prossima uscita come Astrid, un think tank di Roma dove sono con Bassanini, Giuliano Amato, Viesti, Andrea Bianchi (Direttore politica industriale in Confindustria), pubblicato per Passigli Editore. Come riforma strutturale io intenderei la riforma degli incentivi per come vengono intesi adesso, per cui ogni anno si prendono provvedimenti che spalmano piccoli incentivi su un'ampia platea di beneficiari, penso a crediti d'imposta, aiuti per ricerca e sviluppo, l'ammortamento accelerato, la Sabatini bis, sgravi contributivi e simili. Non che siano sbagliati, ma fatti così frammentati non producono effetti di aggregazione, il nostro sistema può diventare più forte se le piccole imprese si mettono assieme, si fondono, ci sono acquisizioni. Mancano soprattutto le linee di governo, una guida che si impegni a dare indicazioni su grandi progetti tecnologici dove il governo mette fondi per la ricerca e lo sviluppo, tipo la green economy e/o la mobilità sostenibile, tutti temi del filone smart cities ed eco cities dove lo Stato invece di distribuire aiuti a pioggia, mettendo a capo manager che non siano uomini del governo, e qui già immagino le difficoltà…. Il tutto dovrebbe essere sottoposto a verifiche su risultati e costi, come vede fare politica industriale oggi è molto diverso da come si faceva una volta.

L'Istat ha ridotto le previsioni di crescita del pil dall'ottimistico 1,6% del governo ad un più realistico 1,1%, questo comporterà nuovi tagli? L'aumento del pil del primo trimestre nell'Eurozona è stato dello 0,6% contro lo 0,3% del quarto trimestre 2015, ma l'indice Eurocoin che misura l'economia in tempo reale ha registrato una flessione ad aprile, come vede lo scenario attuale? In aggiunta il calo del 3% nella produzione industriale diffuso ieri.

I dati dicono che abbiamo avuto un aumento dei consumi dello 0,9% nel 2015 dopo uno 0,6% del 2014, il trend quindi è buono rispetto a 3-4 anni fa, i dati diffusi sono congiunturali, rapportati al periodo precedente. E' fondamentale l'attesa da parte delle famiglie, se il clima non è buono, se c'è incertezza sul futuro, sulla tenuta del posto del lavoro, la cautela nelle spese diventa determinante. Comunque io non sarei pessimista, l'Istat ci dice che la variazione acquisita del 2016 è dello 0,6%, su questi dati congiunturali non mi soffermerei, quando escono questi dati mensili come questo del -3%, sono numeri molto volatili e soggetti a tante variabili che rendono volatile l'incremento mensile ed anche quello trimestrale.

Il macigno che pesa addosso all'Italia è la montagna del debito pubblico, pur vantando un avanzo primario nella stragrande maggioranza degli ultimi 15 anni, il bilancio del nostro paese è gravato degli interessi che gravano su questo debito, eppure i vari governi hanno rimandato il calo dello stesso di anno in anno, a memoria credo che l'ultima diminuzione risalga al governo Prodi, qual è il suo parere su questo fattore? Oltretutto la deflazione insistente aggrava le posizioni debitorie e non pare finire.

Vero, ma segnaliamo intanto che oggi gli interessi sul pil pesano per il 4,5%, erano il 5,5% due anni fa, i tassi sono scesi ed il Tesoro ha continuato ad emettere titoli a tassi molto inferiori, quindi è chiaro un debito del 130% del pil pesa, la Germania pagherà di interessi il 2,5-3%, noi il 4,5%, ma il problema è lo stock del debito? Su questo io da economista sarei molto favorevole ad interventi drastici, privatizzazione ne abbiamo già fatte tante, oramai privatizziamo pezzi di aziende. Abbiamo attuato l'escamotage della Cassa Depositi e Prestiti, privatizzando un debito pubblico, perché la CDP è un soggetto privato, non c'è solo lo Stato, ma anche le Fondazioni. Le privatizzazioni possono ancora fare qualcosa, ma non più di tanto, ci sarebbero gli interventi che un governo dovrebbe prendere, ma impopolari come la tassazione delle rendite finanziarie e dei patrimoni. Il paese è fortemente diseguale, la distribuzione del reddito si è andata aggravando negli ultimi anni, l'indice è peggiorato rispetto agli altri paesi, e resta il fatto che noi tassiamo molto il lavoro e poco il capitale. Le rendite finanziarie ed i patrimoni sono un esempio cui guardare con meno prevenzioni ideologiche, chiaramente ci saranno sempre le resistenze degli intermediari finanziari, delle banche, ma soprattutto dei cosiddetti poteri forti.

Il QE della BCE con la massiccia iniezione di liquidità ha comunque fatto sì che il pil Eurozona sia aumentato più di quello dei paesi no-Euro, il che dovrebbe far riflettere sui rischi di una fuoriuscita dal sistema Europa i populisti, ritiene che una eventuale brexit sarebbe un problema grave per l'Europa? Da che punto di vista?

Non credo arriveremo ad una Brexit, la City ed il Corporate sono molto preoccupati su questo, si immagina cosa potrebbe voler dire per il Regno Unito ricontrattare il WTO? Se escono dalla UE non fanno più parte del WTO.

La pur promettente crescita dell'Italia, che sia l'1,1% o l'1,6%, è comunque inferiore alle percentuali di paesi come Portogallo, Spagna e perfino Francia, il che allarga la forbice, in Germania si è puntato sulla qualità, con il risultato che pur avendo più alto costo del lavoro dell'Eurozona risulta anche il maggior esportatore, non abbiamo avuto la capacità di gestire e capire questo meccanismo cercando solo di limitare i danni?

Non è che l'Italia non sia attenta alla qualità, sono stato ad una fiera a Parma sull'automazione dove erano presenti Siemens, Intel, mancava ad esempio UCIMA ed altri, noi siamo piccoli, soffriamo di nanismo, più che fornitori siamo sub-fornitori. Abbiamo le tecnologie, la qualità, ma abbiamo imprese piccole, siamo al livello Industry 4.0, si parla di cloud, di interconnessioni, noi ci siamo, ma mancano soggetti medio-grandi che si affianchino a partner europei ed americani che si affianchino nell'affacciarsi sui mercati mondiali.

31 maggio 2016

Enrica Gentile (Unindustria): il coraggio di fare impresa

In occasione di FARETE 2016, abbiamo intervistato Enrica Gentile, Presidente del Gruppo Giovani Imprenditori di Unindustria Bologna, e quindi una delle creatrici dell'evento assieme alla Direttrice Generale di Unindustria Tiziana Ferrari. Imprenditrice classe '76, Enrica Gentile è co-fondatrice e amministratore delegato di Areté e Alimenta, due società di consulenza e servizi per il mondo alimentare e agroindustriale. Laureata in agraria ed economia aziendale, PhD in economia, a 25 anni ha fondato Areté, oggi tra i leader nelle analisi economiche e nel *forecast* di prezzi sui mercati agroindustriali e del food, e l'anno dopo ha dato vita ad Alimenta, società specializzata in servizi per la *food safety* e la *sustainability* dei prodotti alimentari. In chiusura della manifestazione **Enrica Gentile** ha tenuto un discorso molto 'forte' e pregnante sul coraggio, da quello necessario a fare impresa al giorno d'oggi a molteplici altri ambiti in cui sono intervenuti anche gli illustri ospiti presenti nel panel.

La 'qualità' della classe imprenditrice italiana è stata spesso oggetto di critiche, che ho riscontrato anche in miei precedenti interviste ad illustri economisti, cosa ne pensa Lei che ha creato un'azienda ex-novo?

Io sono una imprenditrice di prima generazione come si dice in gergo, la nostra azienda è stata fondata da noi oramai 15 anni fa, e quando crei una impresa partendo da zero come in questo caso è sempre durissima. Da tre soci poi rimasti due di cui nessuno del territorio, quindi con pochi legami e pochissimi aiuti se vogliamo, e quando inizi una attività tutto è di aiuto. Il discorso che impostammo fu che l'unico modo di riuscire era di essere più bravi o di fare qualcosa che prima non c'era, se volevamo emergere. I primi anni di una azienda sono sempre durissimi perché si fa veramente di tutto. In un capitalismo spesso famigliare come quello italiano, a volte l'imprenditore non ha la forza od il coraggio di lasciare andare il suo 'bambino', il momento in cui la sua azienda per crescere deve lasciare entrare qualcuno o cedere il passo a qualcun altro.

Mi risulta che vi siete appoggiati alla UE per impiantare la vostra azienda, in che modo?
Non si tratta propriamente di finanziamenti, una delle nostre attività è di consulenza alle istituzioni comunitarie, si tratta di studi che la Comunità Europea bandisce all'esterno per valutare l'efficienza delle politiche comunitarie in alcuni settori. Noi abbiamo cominciato da lì, lavorando su un bando della Commissione, ed abbiamo vinto, con grande sorpresa e soddisfazione in quanto l'azienda era nata da appena 3 mesi e quindi non ce lo aspettavamo. Abbiamo avuto l'impressione che in Europa si potesse agire e competere tutti alla pari, è molto difficile perché i nostri concorrenti sono tutti in Europa, direi almeno una quindicina di aziende sparse in Europa e spesso più grandi di noi.

L'Europa è al centro di tensioni e polemiche, vista quasi come un danno, dalla Brexit alle elezioni in Meclemburgo, lei ha usufruito proprio della UE per sviluppare la sua attività. C'è tanto di buono in Europa che poi viene usato male a livello nazionale mi pare.
La nostra esperienza è senz'altro positiva, se non altro sicuramente dal punto di vista della concorrenza, la mia sensazione è stata che ce la giochiamo tutti alla pari, se siamo più bravi vinciamo altrimenti perdiamo. Per cui è un bel modo di competere, poi è innegabile che ci sono molti ambiti in cui l'Europa è debole e si ha la sensazione che molte normative che partono da Bruxelles sembra molto leggere, tipo la gestione migranti. Questa è chiaro che dovrebbe essere un problema comunitario e non solo italiano. Potrei aggiungere che l'Europa deve decidere cosa vuol fare da grande e fare un passo in avanti se vuole veramente avere l'importanza che merita. Quello che è successo in Gran Bretagna è sintomatico, stare nel mezzo non serve a niente, o si torna indietro o ci si lancia in avanti con decisione.

La sua attività si esplicita nel settore agricolo, gli ultimi dati danno il manifatturiero in sensibile calo e l'agricoltura in netta salita.
Anche durante i momenti peggiori della crisi l'agro-alimentare si è comportata meglio. Poi anche dentro questo settore convivono differenze, alcune aziende che già prima della grande crisi avevano iniziato a guardare all'estero ed a innovarsi sono riuscite a crescere molto bene. Quelle che erano rimaste concentrate sul mercato italiano e non erano già particolarmente competitive hanno sicuramente sofferto.

Il TTIP pare naufragato, quale è il suo parere su questo accordo? Fermo restando la difesa delle specificità e della qualità pensa che comunque si dovranno fare accordi in tal senso?
Anche qui la discussione è ampia e secondo me c'è stato un effetto propaganda, gli Stati Uniti sono un mercato enorme e quando si apre è chiaro che accede anche ad una competizione molto forte. Dall'altra parte dell'Atlantico ci troveremmo a competere con

aziende e prodotti da cui eravamo in qualche maniera protetti, da questo punto di vista il mio giudizio sul TTIP non è così negativo.

Il discorso infrastrutture è sempre molto presente, Lei ha parlato di questo argomento in particolare su Bologna, mettendo il dito nella piaga.
La richiesta che avevamo fatto in quella occasione al Sindaco Merola era di dare una mano agli imprenditori per snellire e facilitare gli imprenditori, come velocizzare il traffico ed azioni del genere. Avere investitori stranieri che vengono ad investire qui è molto positivo, dovremmo poi fare in modo che siano contenti di questo.

Il peso sistemico della burocrazia è sempre presente, ultimo caso il PRA che da anni dovrebbe sparire e pare invece andrà ancora avanti per almeno altri 3 anni.
Sentire imprenditori che ci mettono anni per costruire un capannone o anche solo per sbloccare un passo carrabile fa arrabbiare, abbiamo istituzioni mediamente buone ed è per questo che continuiamo a chiedere di più.

Un altro punto dolente nelle analisi economiche si concentra sul nanismo dell'industria italiana.
Ci sono alcuni aspetti che sono da valutare, quando ci si va a confrontare con le aziende degli Stati Uniti o del Canada vediamo come possiamo essere anche poco competitivi, se abbiamo aziende piccole e con costi di produzione più alti. Dipende poi dai settori in cui ci si muove, dove è necessario avere bassi costi di produzione la dimensione aziendale fa la differenza, altresì ci sono settori dove aziende piccole o medio-piccole trovano l'eccellenza e possono competere efficacemente in mercati internazionali ed in questi casi la dimensione non fa la differenza.

Credito da parte delle banche?
Io parlo tanto con gli imprenditori e l'atteggiamento verso le banche continua ad essere abbastanza ostile, questo penso discenda dal fatto che in questi anni le banche quando vedevano una situazione di difficoltà, invece di darti una mano, per tutti i rischi ed i timori di questi di fronte a tanti fallimenti e aziende che non potevano onorare i loro debiti, tendevano a fare un passo indietro mettendo imprenditori già in difficoltà ancora più in difficoltà. Ad onore del vero, con un poco di autocritica, devo dire che a volte mancano anche progetti veri, non ho visto imprenditori andare in banca con un progetto serio e sentirsi dire di no. Per mia esperienza di fronte a idee buone e valide le banche ci sono.

Il Quantitative Easing di draghi ha aiutato rispetto al credito alle imprese erogato dalle banche?
Certamente sì, ma di tutte le risorse messe a disposizione agli imprenditori ne è arrivata solo una parte.

La scuola è un altro punto dolente, vari grandi imprenditori mi hanno detto di avere difficoltà o impossibilità a trovare le figure professionali, tipicamente ingegneri, necessari alla loro azienda. Si dovrebbero produrre le figure che servono non trova?
Spesso manca il dialogo con le Università e gli Istituti Tecnici, su Bologna possiamo sperare che con il nuovo Rettore si possa lavorare su questo aspetto. A volte anche le famiglie stesse spingono i figli verso percorsi particolari, poi è chiaro che se uno è portato verso una facoltà umanistica non deve per forza fare matematica per poi essere infelice tutta la vita.

Come vede il futuro, cosa metterebbe in atto.
Il futuro lo vedo bene, poi per fare l'imprenditore devi essere ottimista, ma lo vedo positivo anche per altri motivi. Guardando fuori ci si accorge che la crisi c'è in Italia, ma non fuori dal nostro paese. Neanche in Europa, poi anche qui ci sono settori e aree che sono cresciuti in questi anni, dobbiamo fare in maniera di raccogliere le opportunità che ci sono intercettando le nicchie che crescono ed essere più bravi degli altri strappando quote di mercato. La nostra è una crisi italiana, non mondiale, questo deve essere chiaro.

L'anno scorso tenne un interessante discorso riguardo al 'Capitalismo di persone', ce lo vuole spiegare?
L'anno scorso avevamo affrontato il tema dell'imprenditoria illuminata, nel senso di riuscire come imprenditore a fare qualcosa in più oltre i semplici risultati economici. Lavorare su un capitale umano particolarmente coinvolto e riuscire a fare stare bene le persone in azienda. Un imprenditore che ha avuto successo credo abbia anche il dovere di restituire qualcosa alla società.

15 settembre 2016

Daniele Vacchi (ER-Amiat): Industry 4.0 per fare sistema

Daniele Vacchi è nato a Bologna nel 1953 ed ha due figli. Negli anni ottanta è direttore vendite e marketing in aziende del settore delle macchine per il packaging. Dal 1991 è in IMA, società bolognese leader mondiale nella produzione di macchine automatiche per il processo e il confezionamento di prodotti farmaceutici, cosmetici, alimentari, tè e caffè, quotata in Borsa dal 1995, dove all'inizio ricopre vari incarichi in ambito commerciale e poi passa nel ramo organizzazione e comunicazione. Oggi dirige il settore Corporate Communications del Gruppo IMA. Collabora inoltre con istituzioni statali e locali su progetti di sviluppo economico e territoriale. Dal 2011 è Segretario Generale di ER-AMIAT (Emilia-Romagna Advanced Mechanics and Industrial Automation Technology, un'associazione internazionale senza fini di lucro nata con l'obiettivo di rappresentare le aziende emiliano-romagnole in quanto portavoce in Europa delle necessità del territorio per lo sviluppo competitivo del tessuto industriale. Raggruppa aziende leader nel settore dell'automazione industriale come G.D, IMA, Marposs, Pelliconi & C., Sacmi Imola, Scm Group, Sil.Mac., Isanik, Studio Alfa, Poggipolini, System Group, Tiber Pack, Tmc Tissue Machinery Company che insieme generano un fatturato di oltre 5 miliardi di euro con circa 16.000 dipendenti), che da anni lavora a stretto contatto con le istituzioni europee per definire e strutturare le strategie di un'industria europea in continuo mutamento.

Ci parli di questa associazione ER-Amiat.
La nostra associazione nasce 6 anni fa, per accreditare il nostro distretto presso le istituzioni europee, in BEI non sapevano neanche di cosa si trattasse. La Commissione Europea, i Ministeri, ovvero le Direzioni Generali, non ci conoscevano, non sapevano che in Emilia Romagna ci fosse questa potenza industriale. Ed è anche difficile descriverla, se parlo di mercato automobilistico bastano 3 nomi, in Emilia Romagna, in questo settore, abbiamo

400 imprese e 7.000 aziende di sub-fornitura. Abbiamo una grande potenza industriale che fattura, nel settore macchine automatiche, più del Baden-Wurttember, ma è difficilmente descrivibile perché è un distretto molto complesso, ma con tante competenze.

Il progetto presentato viene chiamato Industry 4.0, cosa significa?

Stiamo cercando ancora di definire esattamente di cosa si tratti, siamo ancora a livello di definizione del quadro generale, le tecnologie di Industry 4.0 sono già tutte disponibili. Il nostro sistema manifatturiero è in grado di sviluppare molto bene l'innovazione, ma non di generarla, perché vive di dinamiche talmente flessibili che quando si tratta di rivoluzionare sé stesso come sistema produttivo fa fatica. O meglio, farebbe fatica se non inventando qualcosa di diverso, da qui è nata l'idea di creare un sistema pilota in cui investire per generare conoscenza. Come prima ricaduta, da questo progetto pilota ogni singola azienda prenderà le conoscenze e le inserirà nel proprio sistema produttivo, in seconda battuta tutto il sistema pilota vedrà la partecipazione delle aziende di sub-fornitura, facendo evolvere tutta la rete degli artigiani, ed evitando che questi restino indietro depauperandosi all'arrivo delle nuove tecnologie.

Sul fronte dei finanziamenti?

Le possibilità ci sono, il Ministero c'è, la Regione anche ed anzi si sta muovendo molto sui big data tramite il nascente nuovo polo tecnologico.

Industry 4.0 come si pone rispetto ad Industria 2030?

Industry 4.0 è il punto di vista tedesco, sviluppato da Roland Berger, un grande sistema di consulenza strategica industriale, che prende le mosse da un sistema più verticale, che è quello tedesco. Le grandi imprese di software, di automazione, di produzione industriale, vedono in Industry 4.0 il massimo dell'efficienza organizzativa e della produttività. Noi abbiamo bisogno di una nostra declinazione, non abbiamo imprese verticali grandi come Bosch o Siemens. La manifattura del futuro coinvolgerà il consumatore, che si trasformerà in cittadino consapevole, e come cittadino consapevole sarà lui a produrre per delega, parliamo della economia circolare in pratica.

Come vi relazionate con la fabbrica intelligente del CNR?

Noi ci concentriamo sul territorio Emilia-Romagna, ci relazioniamo con tutti, qui facciamo il pilota manifatturiero che simula quello che ogni fabbrica sarà in futuro.

Rientrate nel sistema dei fondi strutturali Horizon 2020?

Sì, ER-Amiat intende partecipare ai bandi per i fondi europei Horizon 2020 tra le altre cose, non per niente la nostra sede è a Bruxelles.

Per fare tutto questo avete sicuramente necessità di competenze specifiche professionali che dovranno essere create ed anche trattenute.

La presenza del dott. Vignocchi del laboratorioT 3LAB è significativa proprio perché è una creazione voluta assieme all'Istituto Aldini Valeriani ed all'Università. Poi c'è tutto il discorso delle start-up, un discorso nazionale che ancora mi pare non sia pienamente realizzato.

Nel convegno su Industria 2030 a Palazzo Varignana, il Presidente Alberto Vacchi focalizzò la necessità di arrivare ad una erogazione di credito da parte delle banche mirata sulla filiera e non più sulla singola azienda.
Non esiste ancora nel sistema bancario l'idea di rating del sistema di filiera, più che di credito, perché quello riesco anche ad ottenerlo, ma se viene concesso ad un tasso sfavorevole non è conveniente. Ma se si introduce il riconoscimento del rating di filiera e quindi una start-up che rientra nella filiera potrebbe avvantaggiarsi di tassi favorevoli.

La politica è presente? Partecipa al progetto in maniera significativa?
I rapporti con la Regione sono ottimi e positivi.

Ha descritto tutti i vantaggi del progetto, le criticità presenti?
In un progetto condiviso come questo bisogna anche superare barriere culturali, questo significa anche far comprendere agli imprenditori tutta una serie di potenzialità che si possono mettere in atto ed i vantaggi che ne conseguono.

9 novembre 2016

Erik Jones (J.H.U.): USA, perché ha vinto Trump

È *Director of European and Eurasian Studies and Professor of European Studies and International Political Economy* presso la *Paul H. Nitze School of Advanced International Studies della Johns Hopkins University,* **Erik Jones** è anche *Senior Research Fellow* presso il *Nuffield College di Oxford*, Regno Unito. Jones è autore di *The Politics of Economic and Monetary Union* (2002), *Economic Adjustment and Political Transformation in Small States* (2008), e, insieme a Dana Allin, *Weary Policeman: American Power in an Age of Austerity* (2012). Il suo ultimo libro è una raccolta di brevi saggi chiamato *The Year the European Crisis Ended* (2014). È redattore o co-editore di più di venti libri o numeri speciali di riviste su temi legati alla politica europea e l'economia politica, tra cui *The Oxford Handbook of the European Union* (2012) e *The Oxford Handbook of Italian Politics* (2015). Il professor Jones insegna su argomenti di economia politica internazionale e comparato con un focus particolare su Europa e le relazioni transatlantiche. Commentatore e panelist di politica europea ed economia politica, i suoi contributi sono stati pubblicati, tra gli altri, su *Financial Times, New York Times, USA Today*, giornali e riviste di tutta Europa. Ha scritto molto su integrazione monetaria europea e governance macroeconomica ed è attivo nei dibattiti pubblici sulla risposta europea alla crisi economica e finanziaria globale. Il professor Jones è co-editore di *Government and Opposition* e redattore di *Survival*, giornale dell'*Institute for International and Strategic Studies*. Jones ha guadagnato il suo AB alla Princeton University (1988) e il MA e PhD presso la Johns Hopkins SAIS (1990, 1996). Prima di entrare alla facoltà presso la Johns Hopkins, ha lavorato presso il Centro di studi europei politici, la Central European University e l'Università di Nottingham. Cittadino statunitense, Jones ha vissuto in Europa per gli ultimi venticinque anni; è sposato con tre figli.

Il sistema elettorale americano è particolare.

Il sistema americano è particolare, potremmo dire quasi proporzionale, meglio di altri che conosco tipo quelli dove c'è una soglia del 5%, per cui questi voti non contano per nulla. Quando si vota per un partito troppo piccolo la propria voce non trova sfogo. Potrebbe essere molto pericoloso togliere il sistema dei collegi elettorali, ci sarebbero tanti Stati che non vedrebbero mai un candidato andarci, tipo il Texas, ed invece hanno un grande bisogno di essere ascoltati, diventerebbero molto più problematici se non lo fossero.

Un tratto caratteristico delle vittorie di Trump e della Brexit è stata la divisione del voto fra le città, a favore dei candidati 'progressisti', e delle zone rurali a favore di quelli più 'conservatori e tradizionalisti', una contrapposizione tra urbanizzazione e campagna a cui dobbiamo dare un significato?

Non è stata vista la via che ha trovato Trump per raggiungere gli elettori, negli stati vicino ai grandi laghi, la Clinton non ha mai immaginato di perdere in questi Stati, Hillary ad esempio non è mai andata, neanche una volta in campagna elettorale, in Minnesota. Questo probabilmente riguardava noi, tra noi, inteso come abitanti nelle grandi città, quando Trump ha iniziato a parlare ci siamo detti che era inaccettabile.

Ma non è curioso che entrambe le correnti vincitrici abbiamo messo in alto la lotta all'immigrazione e questo abbia portato consensi proprio nelle zone dove presumibilmente il problema è minore, considerando che nelle città si concentrano le migrazioni di stranieri.

Chi abita nelle campagne sogna di andare a visitare New York City, Los Angeles, e così via; al contrario chi abita nelle grandi città non pensa di andare in Oklahoma o in Kansas, quindi non hanno colto che chi abita in questi paesi ha delle idee completamente diverse da chi risiede nelle città e sa molto bene cosa succede in queste metropoli. Gli abitanti di questi stati non vogliono diventare così e l'immigrazione che arriva nelle grandi città diventa un simbolo anche nelle zone dove non ci sono immigrati, proprio per non trovarsi ad avere la situazione che vedono nelle città. Quando Trump punta il dito sulla situazione delle metropoli, sulla miseria, sulla criminalità, i poveri delle zone rurali pensano "potrebbe andare anche peggio se diventiamo come loro". Quindi votano Trump perché li rassicura che tutto questo non cambierà.

Forse la Clinton ha fatto delle scelte, in parte obbligate, in base alla enorme estensione del territorio americano, dove andare?

Mah, per lei questi stati erano già stravinti, ecco il problema, lei pensava di averli già in mano e non li ha nemmeno visitati, non ha quindi scoperto che molti di questi elettori non le erano favorevoli. Lei ha una squadra immensa ed ha speso 3-4 volte più di Trump, sicuramente si deve vedere dove concentrare le forze in questi campi di battaglia, ma almeno ascoltare cosa avevano da dire gli elettori in questi stati avrebbe dovuto farci attenzione.

Trump ha ricalcato un poco la storia di Berlusconi, decenni fa la sinistra prendeva i voti nelle fabbriche ed il centro-destra nella borghesia, poi abbiamo avuto gli operai che votavano per Berlusconi ed i blu collar a sinistra.

Sì, ma soprattutto Trump ha preso i voti nelle aree popolate in maggioranza dai bianchi, se potessimo vedere una mappa delle razze, ci accorgeremmo che è stato votato dove la percentuale è del 90-95%, dove c'è la concentrazione di neri lui ha perso, poi ad ovest dove ci sono molti latinos, questi hanno votato democratico, ma i bianchi invece per Trump. Diventa una situazione in cui la società americana si è divisa in un modo culturale molto, molto pauroso. Potrebbe succedere di avere nel paese due visioni diverse della società.

Le analisi ci dicono anche che i millennials, che fecero vincere Obama, stavolta non si sono recati alle urne.

Sì, è stato il risultato della frustrazione, perché ci si è accorti che invece di creare una società multiculturale e multirazziale, vediamo una società divisa tra culture e razze. Questo è vero però solo nel profondo degli Stati Uniti, nelle zone rurali, nelle città esiste ancora una vita liberal accettabile.

Subito dopo avere vinto, Trump ha dichiarato, sulla falsariga di quanto affermò candidamente anche Farage, che quello che aveva detto in campagna elettorale era solo per vincere le elezioni. In effetti le cose che più aveva pubblicizzato, come il muro con il Messico e la cancellazione dell'Obamacare, paiono essere spariti dal programma dei 100 giorni, così come, per fortuna ha archiviato lo special prosecutor contro Hillary.

Si vedrà dalle persone che Trump nominerà al governo, al momento è difficile dire che lui rinnega quanto detto in campagna elettorale vedendo i nomi che sta portando.

Si diceva che Hillary fosse una wasp inserita nell'establishment, e che Trump fosse il 'vero' rivoluzionario, in realtà la sua squadra si sta popolando di lobbisti, dobbiamo aspettarci una invadenza delle grandi conglomerate ancora più invasiva? Mentre recluta lobbisti per posizioni di governo, annuncia una moratoria di 5 anni per i funzionari decaduti che aspirano a diventarlo.

Tutti quelli che hanno lavorato per Obama, se passa questa legge, sarebbero fuori, rimarrebbero solo i repubblicani. È un gioco politico, verso la fine della sua legislazione, 4 o 8 anni che siano, cambierà le regole per fare sì che tutti quelli che sono con lui possano rientrare come lobbisti.

La mancata ratifica del TPP firmato da Obama, cosa comporterà? Siamo alle soglie di una nuova guerra commerciale con la Cina ed i paesi asiatici?

Il TPP è morto, ci sono alcuni passi che deve fare prima, nella legislazione americana è prevista la Super300a1, in caso che il governo si accorga di comportamenti distorsivi in economia da parte di un paese estero, può mettere un dazio del 300% (ndr: per massimo

150 giorni), e questo senza neanche l'accordo con il Congresso. Il TTIP anche non credo andrà avanti.

Se darà seguito alle sue promesse in campo ambientale, togliendo i costi a carico delle aziende a scapito della natura per abbassare i costi produttivi e ridare competitività alle aziende statunitensi, è ipotizzabile che il resto del mondo, Cina compresa, continuino a tenere un comportamento virtuoso o invece si adattino in qualche maniera per non perdere quote di mercato? Si prospetta anche qui una guerra commerciale a danno della popolazione mondiale?

Lui nega il riscaldamento globale, quindi ha una politica coerente, ora dice che può mantenere gli accordi di Parigi, ma allo stesso tempo afferma di volere togliere ogni obbligo alle imprese americane per ridargli competitività. Certamente se facesse questo, anche la Cina e l'India non starebbero ferme e sono sicuro che in futuro avremo molti problemi dal punto di vista ambientale.

In un periodo di bassi costi delle materie prime energetiche, The Donald promette di prendere il primo giorno di presidenza provvedimenti fondamentali per 'cancellare le restrizioni allo shale oil ed al carbone pulito' e creare milioni di posti di lavoro. Un aumento dell'offerta non potrebbe che portare logicamente ad una ulteriore caduta del prezzo del petrolio, con Big Oil che è stata anche una grande sostenitrice di Trump (oltre che dei lavoratori delle miniere), come poi verrebbero creati questi 'milioni di posti di lavoro' non è ben chiaro.

Negli Stati Uniti noi paghiamo prezzi molto più bassi di quelli che pagate voi, quindi si pensa più rivolti perso ricerca ed infrastrutture, lui non può andare contro Big Oil, ma può dare incentivi per il trasporto degli oli, per la ricerca, quindi anche in presenza di prezzi bassi del petrolio. Poi gli americani vogliono rendersi indipendenti dal medio oriente, quindi con la ricerca possono avere nuove fonti di approvvigionamento.

L'attenzione di Trump è sempre stata rivolta all'est asiatico piuttosto che verso l'Europa, il TTIP non è mai entrato tra i suoi bersagli, che l'Europa ami poco il nuovo presidente è certo, ma nei fatti cosa si prospetta? Un disimpegno degli USA dalla NATO almeno in parte e quindi una ridefinizione della politica di sicurezza? Oltretutto i rapporti tra UE e Putin sono pessimi, mentre quelli tra Trump e lo stesso Putin paiono improntati ad un positivo interesse.

Quando lui parla di Europa pensa sempre solo alla NATO, lui vuole rinsaldare i rapporti con Putin. Dipende anche da chi sarà il Segretario di Stato, se sarà Romney è un discorso, se altri è diverso. Certo che Trump manda via le persone che non sono d'accordo con lui con molta facilità, quindi anche con Romney bisognerà vedere se questi seguirà la sua politica estera o quella di Trump, e comunque non sappiamo quale sia la politica estera del nuovo Presidente. Con Flynn, nuovo National Security Advisor, che è molto duro con Putin chi vincerà? Lui o Trump che ha relazioni molto più familiari con il leader russo?

Contando l'enorme debito pubblico americano da 20 miliardi di dollari, raddoppiato sotto Obama, che non si vede come potrà essere ripagato, i cui principali creditori sono proprio Cina e Giappone, appare credibile la volontà di fare la voce grossa di Trump?
Nella formazione scolastica siamo abituati a pensare prima ad un mercato commerciale, ed in seconda battuta a quello finanziario. Pensiamo in termini di importazioni-esportazioni (ndr: 4 a 1), ma loro hanno investito talmente tanti soldi nel mercato obbligazionario da avere liberato una massa monetaria che abbiamo speso sui loro mercati. In questa situazione la risposta di Trump fa paura ai mercati che pensano di ritirare i loro investimenti. Sui mercati in realtà nessuno lo pensa seriamente, ora sono felici e ad un livello altissimo, ma in futuro potrebbero cambiare idea e questo cambiamento nel sentimento del mercato potrebbe provocare uno shock globale particolarmente forte. Fra i suoi consulenti ci sono tanti falchi che vedono la Cina come una minaccia, se vanno in questa direzione ci potrebbe essere un problema molto grande.

In campagna elettorale Trump ed il suo staff hanno pesantemente attaccato l'accordo nucleare con l'Iran messo a punto proprio dalla Mogherini, Renzi con poca lungimiranza si era esposto pesantemente a favore di Hillary, cosa possiamo aspettarci nei rapporti USA-Italia?
Per fortuna l'accordo non è solo tra USA e Iran, ma ci sono tanti paesi dentro, speriamo che questo tenga a freno le ambizioni nucleari iraniane. Ora vediamo che l'Iran vuole mantenere questo accordo e quindi speriamo che il buon senso prevalga.

3 dicembre 2016

Presidente Romano Prodi: confronto sull'Europa

Bologna – La nostra testata è stata invitata da Nomisma, presso la Johns Hopkins University School of Advanced International Studies – SAIS Europe Bologna Center, per partecipare ad una blindatissima Conferenza stampa su "Quale Europa dopo le Elezioni in Francia ?". Il tema: *"In un'Europa devastata dai dubbi sul proprio avvenire, le elezioni presidenziali francesi del 7 maggio aprono nuove prospettive. Il nuovo inquilino dell'Eliseo rilancerà il processo di integrazione politica ed economica, o al contrario darà un grosso colpo di freno? Quali politiche adotterà per lottare contro la frattura sociale e lo scetticismo verso le élites che attanagliano la Francia? E quali sono le conseguenze per l'Italia e la politica italiana?"*. Il Panel era composto da **Michael G. PLUMMER**, Director, Johns Hopkins SAIS Europe, **Andrea GOLDSTEIN**, Managing Director Nomisma, **Marc LAZAR**, Professore di storia e sociologia politica Sciences-Po Paris e LUISS, **Romano PRODI**, Presidente (2001-06) Commissione Europea, **Matteo RENZI**, Segretario, Partito Democratico ed ex Presidente del Consiglio (2013-16). Ad aprire il fuoco delle domande è il Presidente Prodi, che con una invidiabile comprensione dei meccanismi mediatici moderni, unita alla sua proverbiale sagacia, commenta l'istruzione data ai giornalisti di presentarsi con nome e testata, che *"oggi le testate non esistono più"*.

LA REPUBBLICA: **è appena uscito un editoriale di Lazar che mostra le evidenti similitudini tra Macron e Renzi, cosa ne pensa Presidente Prodi?**
Prodi: *ma veramente mi chiede di un articolo che non ho letto, mi dica cosa diceva, anzi lasciamo rispondere Lazar visto che è qui.*
Lazar: *si tratta di uno studio che mi è stato chiesto da Le Figaro in formato stampa, dalla mia analisi si vede che i riferimenti sono sulla necessità di fare riforme, di modernizzare il mercato del lavoro, già da ministro Macron aveva seguito quella che in Italia avete chiamato Jobs Act. La necessità di fare politiche sociali, ho invece sottolineato come da*

parte di Macron non ci fossero critiche verso l'Unione Europea, che sono invece presenti in maniera forte dalla parte di Renzi. Tra le differenze ho invece messo il percorso seguito, Macron ha avuto una esperienza di università, l'Ecole Nationale d'Administration, funzioni di alta amministrazione pubblica. Ho insistito anche sul fatto che Macron ha creato un suo movimento personale, mentre Renzi ha cercato di prendere due volte il Partito Democratico con le primarie, e trasformarlo in un movimento personale, il PDR, il partito di Renzi. Come terzo punto mostravo le grandi differenze sociali, culturali, economiche tra i due paesi, difficilmente paragonabili a quanto succede in Italia.
Prodi: *mi pare Vangelo, il Vangelo secondo Lazar! La sfida è comune riguardo gli scollamenti europei e la crescita economica, provenienza e situazione politica interna sono completamente diverse. Purtroppo anche l'ultima affermazione è vera, la Francia e l'Italia sono profondamente diverse.*

FUTURO EUROPA: **il movimento di Macron, En Marche, è nato da poco, completamente slegato dai partiti tradizionali, così come il Movimento 5 Stelle in Italia ed altri in giro per l'Europa. Questo fatto è un bene o un male? E può essere una spinta ai partiti tradizionali a rinnovarsi?**
Lazar: *Sicuramente il movimento En Marche è una invenzione personale di Emmanuel Macron, molto personalizzato, ma con una forte struttura orizzontale ed una grande partecipazione a livello di base. Al momento non si capisce bene cosa farà di questo movimento, se lo dovrà trasformare o no. L'altra grande verità di queste elezioni francesi è la grande e profonda crisi dei partiti tradizionali, mortale forse per il partito socialista. Grave crisi anche per il partito repubblicano, fondamentale sarà vedere il risultato delle elezioni legislative in giugno. Lì si vedrà il loro stato di salute, ma la lezione per il futuro è che sicuramente dovranno profondamente cambiare; i due partiti principali sono stati eliminati al primo turno per la prima volta.*
Prodi: *credo che anche i nomi siano importanti, un partito che si chiama En Marche, In Cammino, vuol dire che si è liberato di tutte le ideologie e non ha messo barriere , si è proiettato vero il rinnovamento. In Italia siamo al Partito Democratico, ancora…* [NdR: il Presidente appunta il tono sull'ultima parola e **Lazar** commenta "è una notizia" ridendo]

LEONARDO NESTA **Agenzia**: **Negli ultimi decenni la grande divisione nello scenario politico è stato tra progressisti e conservatori, in Francia è stato tra europeisti e anti-europeisti, credete sia un modello che in futuro potrà attecchire anche in altri paesi o sia invece un episodio della politica francese non destinato a ripetersi?**
Prodi: *non è proprio così semplice, è un poco più complesso, è anche tra globalisti e sovranisti; la crisi economica ha massacrato i nostri paesi, aumentato le divisioni, i partiti si orientano in base a queste cose. La vera differenza è tra coloro che si sentono 'in' e coloro che si sentono 'out'. L'Europa è in mezzo a questa grande divisione che va oltre l'Europa, c'è stato in Spagna, in Italia, solo in Germania resistono i partiti tradizionali. Lì si fa ancora*

carriera come una volta, consigliere provinciale, regionale, poi parlamento. In Francia, Italia, Spagna questa struttura si è rotta.

Lazar: *non sono d'accordo con la sua domanda, almeno per la Francia, non parlo dell'Italia, la frattura principale storica era tra sinistra e destra, Macron ha scommesso sul fatto che questa clivage era in via di esaurimento, lo verificheremo alle elezioni francesi del 11 e 18 giugno. L'idea dell'opposizione tra progressisti e conservatori l'ha portata lui, oltre l'opposizione tra destra e sinistra. Lui si è definito progressista e quindi con la possibilità di stringere alleanze, perché il progressismo non è esattamente la stessa cosa di destra e sinistra.*

Prodi: *mi pare ne abbia preso atto anche la Le Pen che con le sue ultime dichiarazioni delle scorse settimane, ha in parte abbandonato le tipiche ideologie della destra prendendo atto di questa realtà.*

IN MEZZORA – Rai: Lazar ha parlato di crisi mortale dei partiti, per lei Prof. Prodi la schiacciante vittoria di Renzi alle primarie è un argine o una accelerazione alla crisi dei partiti?

Prodi: *lo chieda a Renzi!* [A questo punto arriva Renzi, NdR]

SKY: Usciamo da un periodo di crisi che ha visto accrescere la differenza tra ricchi e poveri, un mercato del lavoro che ha visto perdere diritti per i lavoratori, quale futuro ci aspetta da questo punto di vista?

Prodi: *Se continua così non può che finire in mano al populismo, la disperazione di chi è fuori, soprattutto la paura, anche in Francia siamo tutti contenti che abbia vinto Macron, ma il fronte populista si è allargato in modo enorme, andando vicino al 50%. Un sistema elettorale, fortunatamente intelligente, ha evitato la vittoria del populismo, ma il clivage si è ampliato in maniera abnorme. Finché il lavoro finisce ed il capitale si muove in modo del tutto incontrollato, è evidente che diventa impossibile fare una riforma del mercato del lavoro che abbia pieno effetto e non crei problemi al sistema economico.*

QUOTIDIANO NAZIONALE – CARLINO: l'Italia oggi si può considerare un paese instabile? Considerando che le previsioni sulla crescita italiana non sono promettenti e manca la legge elettorale? A Matteo Renzi volevo chiedere che effetto le fa stare seduto con Prodi allo stesso tavolo.

Prodi: *ci sono tre persone intermedie tra di noi.*

Renzi: *comunque Romano per una volta io sono alla tua sinistra, questa è una notizia!*

Prodi: [girandosi con il corpo, NdR] *bisogna vedere uno come si volta… l'Italia è un paese stabile, che penso andrà alle elezioni al momento giusto e previsto, il problema è se prima di quel giorno si sarà riusciti a fare una legge elettorale, questa non deve fotografare il paese, ma per dare al paese un governo stabile che duri possibilmente 5 anni. Altrimenti con il proporzionale e tanti partiti il problema si apre prima e non dopo, come tutti hanno sempre detto, compreso Matteo.*

Lazar: *la sua domanda presume che in Francia sia tutto risolto, ma ci sono le elezioni di giugno, se lui avrà la maggioranza avrà il potere di cambiare, anche a livello europeo. Ma avrà bisogno dell'Italia come ha sempre detto, ma bisogna vedere chi governerà l'Italia. Se non ci sarà un governo stabile avrà un problema. C'è anche l'ipotesi che non abbia la maggioranza, quindi con un presidente dotato di molto potere, ma con un parlamento che lavorerà in modo diverso, con una coalizione di destra e sinistra; oppure una maggioranza relativa dovendo cercare le maggioranze di volta in volta. Le istituzioni francesi sono molto forti ma la V. Repubblica, secondo me, è molto forte e stabile, dovremo aspettare l'11 e soprattutto il 18 giugno.*

Prodi: *comunque penso che anche se arriva vicino alla maggioranza assoluta, 230-240 posti, avrà molto potere di attrazione, il problema è se resterà sotto i 200.*

Renzi: *sul lavoro, le considerazioni di Prodi sono ampiamente condivisibili e sono il grande tema della discussione europea. Noi abbiamo affrontato tutto il discorso dei parametri europei, del fiscal compact, tutto il tema della social union è stato messo in secondo piano. Sul tema del lavoro punto molto sul progetto svedese cui il governo Gentiloni ha dato il massimo appoggio ed a novembre ci sarà un importante evento. Penso che il tema del mercato del lavoro in Francia, dopo la dibattuta Loi du travail di Valls sotto il governo Hollande, sarà da riprendere, su questo tema può darsi che il Jobs Act funga da riferimento per Macron. Concordo sulle elezioni ed in ordine alla legge elettorale, scusatemi se parlo a nome del PD e non personale, con il no al referendum si è persa una occasione straordinaria. Noi siamo per la stabilità, siamo per un sistema che la assicuri, ricordo che quando lo proponemmo noi ci accusarono di deriva autoritaria, ho invidia per Macron che con il 23% al primo turno potrà governare. La brexit è un fatto straordinario, ci saranno vantaggi per l'Italia e la Francia, è la prima volta che succede che un paese se ne va; a mio giudizio Lazar ha totalmente ragione. Per rilanciare l'Europa ci abbiamo provato 3 volte, in soldoni è fallita, Berlino, Bruxelles, Ventotene. In quei 4 mesi si pensò possibile una iniziativa a 3, non penso che il sacrosanto asse Francia-Germania, che se vanno d'accordo è bene per tutti, di per sè sia sufficiente. Per rilanciare l'Europa ci vuole un grande potere attrattivo, spero che tutte le forze politiche sosterranno in questo il governo Gentiloni e quelli che seguiranno, qualunque governo ci sarà, avrà un ruolo fondamentale.*

19 maggio 2017

Alberto Vacchi (Unindustria): burocrazia, freno all'attività d'impresa

Nato a Bologna il 17 febbraio 1964 è coniugato, con un figlio; laureato in Giurisprudenza, imprenditore, ricopre la carica di Amministratore Delegato di IMA S.p.A. (Industria Macchine Automatiche) dal 1996 e quella di Presidente del Consiglio di Amministrazione dal 2007: **Alberto Vacchi** Rappresenta la continuazione dell'impegno della famiglia Vacchi, socio di riferimento, per l'affermazione della IMA S.p.A. nei mercati mondiali. Membro della Giunta Nazionale e Regionale di Confindustria. Il 7 giugno 2011 è stato eletto Presidente di Unindustria Bologna per il quadriennio 2011-2015. L'Assemblea generale di Unindustria Bologna, riunitasi l'8 maggio 2015, ha rinnovato la fiducia al Presidente Alberto Vacchi confermandolo alla guida del processo di fusione con Confindustria Modena e Unindustria Ferrara, per il biennio 2015-2017. È stato membro del Consiglio Direttivo di UCIMA (Unione Costruttori Italiani Macchine Automatiche per il Confezionamento e l'Imballaggio) per il periodo 2013-2016. Alle ultime elezioni per la Presidenza di Confindustria è stato sconfitto da Vincenzo Boccia per appena 9 voti.

Un trend di crescita continuo anno dopo anno, intendete proseguire su questa strada?
Certamente, sia per linee esterne che interne, continueremo a cresce cercando anche di accelerare se possibile. Abbiamo prospettive che potrebbero concretizzarsi già entro la fine dell'anno.

La prospettiva oltre l'azienda parametrata su tutto l'indotto come la giudica?
Soddisfacente anche se si può sicuramente fare di più, soprattutto speriamo che possa ripartire la domanda interna, in particolare per quelle aziende che proprio nel mercato interno trovano i loro sbocchi. Tendenzialmente lo stato di salute dell'economia regionale è migliore rispetto alla media italiana.

In merito allo storico problema del reperimento di risorse qualificate in campo tecnico ci sono stati miglioramenti?

Per la prima volta quest'anno abbiamo visto un riscontro positivo con un aumento delle iscrizioni agli istituti tecnici. Chiaramente un solo anno non fa testo, anche perché è una materia che si sviluppa in un periodo lungo. E' necessario che questo percorso prosegua anche negli anni a venire, e che il percorso degli istituti tecnici si rifletta poi nelle facoltà universitarie. Al momento è ancora ampiamente insufficiente la disponibilità delle professionalità rispetto alle esigenze delle aziende. Gli stimoli in campo formativo sono già stati messi tutti in campo, ovviamente la cosa non deve finire qui, non possiamo dire "il trend è avviato siamo a posto"; ma è necessario proseguire in questo percorso virtuoso.

A livello occupazionale IMA che incrementi ha avuto?

Negli ultimi 5 anni abbiamo assunto un migliaio di persone, siamo quindi nell'ordine dei 180-200 all'anno. Restiamo nel discorso delle figure tecniche, che se togliamo paesi come la Cina che sono fortemente portati, nel mondo occidentale è una particolarità che è un poco andata persa. I numeri detti pensiamo di mantenerli, ovviamente i 200 annui sono lordi, vanno a coprire anche pensionamenti e dimissioni.

Il reperimento di ingegneri qualificati è un problema annoso già toccato in varie sedi, in Germania hanno messo in atto sinergie altamente operative tra scuola e imprese, la situazione italiana in che stato versa?

Il percorso di qualificazione di figure tecniche comincia ben prima della scuola media superiore, quasi dalle elementari alle medie inferiori, coinvolgendo le famiglie in primis, perché garantisce alti livelli di soddisfazione sia occupazionali che professionali. Diciamo che tutte le azioni sono state poste in essere.

Con l'Università quali progetti avete messo in campo?

Una serie di azioni che ricadono sempre nell'alternanza scuola-lavoro, questa è sicuramente la grande svolta che potrà garantire risultati positivi. E' necessario che tutti si impegnino, scuole, istituzioni, imprese, lavorino assieme per avvicinare domanda e offerta.

IMA si caratterizza da anni per una media di crescita nettamente superiore all'aumento del pil italiano che viaggia poco sopra lo 0. Perché non si riesce a riprodurre tale percentuale anche in campo nazionale e la crescita rimane confinata a macchia di leopardo?

Fortunatamente, se uno guarda uno spaccato territoriale emiliano-romagnolo c'è da essere soddisfatti, non è che siamo soli, ci sono altre realtà che stanno andando bene. Credo che si possa dire che la formula adottata qui, sia di un contesto regionale particolare che riflette una organizzazione imprese-istituzioni-propensione all'investimento-innovazione. Penso che questo sia ampiamente replicabile in altre aree del paese, come in Lombardia dove è

*già ben avviato, i numeri in termini di pil della nostra regione sono particolarmente
interessanti e si pongono nella media europea.*

**E' notoriamente dichiarato che le retribuzioni in Emilia-Romagna sono, fortunatamente,
superiori alla media nazionale. Analizzando i dati del vostro book ho notato che a fronte
di un aumento del 5% in assoluto del personale avete avuto, sempre a far data 2015, un
incremento dei costi del personale del 30%. Questo si riflette in maggiori retribuzioni e/o
premi agli occupati?**
*Ma guardi, la nostra forza è sicuramente nelle professionalità, e certe professionalità
vanno giustamente remunerate, facciamo quello che facciamo perché il mondo del lavoro
risponde nel modo giusto. Teniamo poi presente il discorso del cuneo fiscale, alla fine in
tasca al lavoratore va molto meno rispetto ad altri paesi. E' un tema più volte discusso, ma
mai affrontato in maniera strutturale, in Emilia-Romagna abbiamo professionalità tra le
migliori al mondo.*

**Al Focus PMI che ho presenziato, dove era presente anche il Ministro Orlando, si è
parlato in maniera approfondita del costo della giustizia a carico delle imprese. Il suo
pensiero su questo tema? Quanto incide?**
*La macchina pubblica in genere, fa scontare alle imprese una farraginosità ed una
burocrazia che sicuramente incidono sull'attività di impresa e su cui si può certamente
migliorare.*

**IMA è un'azienda molto proiettata sui mercati esteri, i cambiamenti in atto, dal
protezionismo minacciato da Trump, alle tensioni date dal fondamentalismo islamico,
quale è il vostro outlook nel breve-medio periodo?**
*Al momento la tendenza complessiva del mercato è positiva in termini di crescita, salvo
stravolgimenti epocali che al momento non sono prevedibili, né auspicabili, questa
situazione di tensione internazionale al momento non incide sulle previsioni di crescita sui
mercati esteri. Per quanto riguarda il protezionismo non credo che questa sia una cosa che
possa portare benefici a nessuno; per noi in particolare, avendo una produzione diffusa,
non prevedo particolari problemi. Auspico anche che le prove muscolari in atto rimangano
tali e non sfocino in atti concreti.*

25 maggio 2017

Massimo Monti (Alce Nero): biologico, ma di qualità

Da oltre trent'anni *Alce Nero* è sinonimo di un cibo proveniente da campagne libere da chimica e pesticidi, custodite e coltivate ogni giorno con rispetto e responsabilità perché, per Alce Nero, il cibo è in primo luogo relazione tra chi lo produce e chi ne fruisce. Il Gruppo Alce Nero ha chiuso il 2016 con 74,1 milioni di euro di fatturato registrando un incremento sul marchio Alce Nero superiore al 18% rispetto al 2015, con performance positive su tutti i canali distributivi confermando un trend di crescita positivo che dura da oltre 10 anni (negli ultimi 5 esercizi il valore delle vendite di Alce Nero è triplicato). Abbiamo intervistato **Massimo Monti**, Amministratore Delegato di *Alce Nero*, che stima l'anno in corso quale anno di consolidamento e di crescita moderata, con l'obiettivo di avvicinarsi agli 80 milioni di euro, ottenibile grazie al costante miglioramento della distribuzione dei prodotti Alce Nero, alla introduzione di nuovi prodotti ed alla importante crescita di notorietà ed apprezzamento del marchio e dei valori che esso sottende.

Quale è stata la filosofia alla base della nascita di Alce Nero?
Si può dividere idealmente in due parti, la prima riguarda la nascita nelle Marche, una esperienza di un gruppo di giovani che nel 1973 decisero di ripopolare la campagna in un periodo dove vigeva l'urbanizzazione. Istituirono una Cooperativa in un terreno dove c'era un monastero diroccato, facevano agricoltura biologica prima che questa esistesse davvero, visto che la legge istitutiva è del 1989. Ma soprattutto era una sorta di ribellione al nuovo che avanzava (industria e città) visto che si trattava di una cooperativa con tutte le forme di una famiglia e di una vita in campagna. Dettero il nome alla cooperativa di Alce Nero, mutuandolo dalla storia del capo pellerosse degli Oglala e nell'idea del fondatore, Gino Girolomoni, c'era l'idea di non perdere i valori società e della famiglia contadina. Iniziarono a commercializzare i primi prodotti ed arrivarono faticosamente, ricordiamo che allora non c'era il mercato di adesso, fino al 1989. In quell'anno decisero di affidare la

gestione commerciale del marchio, dandolo in affitto per 10 anni, al Pastificio Corticella di Bologna, che ora non esiste più; questi dettero vita ad un catalogo più ricco rivolgendosi anche ad altri produttori ed aprendo alla vendita nelle Coop. Alla scadenza del contratto decennale (quindi a fine 1999) Girolomoni si mise d'accordo con il nostro presidente Lucio Cavazzoni, allora Presidente della Cooperativa di apicoltori Conapi, per proseguire il percorso delle due Cooperative congiuntamente. Quindi a fine 1999 Alce Nero Soc. Coop. e Conapi Soc. Coop. conferirono i propri marchi (Mielizia per Conapi) e rami d'azienda in una nuova Società allo scopo creata – Mediterrabio S.r.l. – mettendosi assieme per avere una unica gestione commerciale, logistica e di marketing. Mediterrabio S.r.l. iniziò quindi la sua attività operativa il 2 gennaio del 2000. La filosofia alla base di Mediterrabio era di sviluppare l'agricoltura biologica attraverso lo sviluppo di prodotti e di mercati , ed era ben condivisa; la visione di sviluppo futuro della Società comune dei due presidenti-fondatori, Girolomoni e Cavazzoni, al contrario, si rivelò divergente su molti punti, alla fine troppi: nel 2004 la cooperativa Alce Nero uscì da Mediterrabio S.r.l. la quale, con nuovi Soci produttori ed agricoltori, nel 2006 cambio ragione sociale in Alce Nero & Mielizia S.p.A (poi nel 2015 nell'attuale Alce Nero S.p.A.).

Il settore del biologico ha avuto una grossa impennata, a quali fattori è dovuta questa crescita impetuosa?

Oggi il biologico è cresciuto tanto, soprattutto negli ultimi 5 anni, quindi proprio quelli della crisi. In Italia pesa nel totale del mercato food il 3,5%, cinque anni fa era al 2%, quindi è raddoppiato pur rimanendo un mercato di nicchia, e rappresenta comunque un valore di 4 miliardi di euro.

Se il mercato biologico è cresciuto, voi avete avuto un incremento doppio rispetto alla media, quale è il vostro segreto?

Sicuramente sono bravi i nostri produttori, dal punto di vista organolettico abbiamo sempre avuto prodotti buoni. Essendo presenti nei supermercati abbiamo visto che molti clienti compravano i nostri prodotti in quanto buoni e non solo perché biologici. Altro fatto è che negli ultimi 2-3 anni, per la prima volta nella storia, il mercato del food è rimasto fermo. In questo periodo sono cresciute tre linee principalmente: il biologico, il salutistico comprendendo anche il vegano, ed i prodotti tipici compresi i vari DOP e DOCG con un forte legame sul territorio quindi. Ecco Alce Nero raccogli da sempre nella sua proposta tutti e tre questi aspetti: tipicità avendo i propri produttori presenti sul territorio; salubrità per la grande attenzione alla naturalità e semplicità degli ingredienti (abbiamo eliminato l'olio di palma dai nostri prodotti già nel 2004 molto prima che venisse fuori la campagna che ha interessato tutti); poi, da sempre, Alce Nero è tutto e solo biologico.

Quello che chiede sicuramente il consumatore, oltre le normative, è la sicurezza dei prodotti alimentari, soprattutto se etichettati biologici, voi avete un controllo di filiera?

Ce l'abbiamo, anche se è perfettibile come tutte le cose, intanto oggi fatto 100 il nostro fatturato, oltre il 95% è composto da prodotti dei nostri soci, i nostri azionisti sono fabbriche agro-industriali. I frollini che venivano da un fornitore non socio ad esempio, un anno fa abbiamo fatto una fabbrica nostra a metà dove vengono fatti, quindi anche quelli sono diventati un nostro prodotto a tutti gli effetti. Essendo i nostri produttori gli azionisti della società sono ovviamente responsabilizzati sul produrre alta qualità.

Riguardo l'accesso al credito, riuscite quindi in questo contesto ad avere un rating di filiera con le banche?
Le banche hanno una caratteristica: di solito danno i soldi a chi non ne ha bisogno. Grazie al cielo noi non ne abbiamo bisogno e quindi riusciamo ad avere delle buone condizioni ed a girarle a monte della filiera. Al momento riusciamo ad anticipare pagamenti ed aiutare quindi le aziende più piccole.

Il biologico è caratterizzato da prezzi superiori rispetto ai prodotti 'normali', è inevitabile tutto questo? E può essere un freno?
Biologico non vuol dire necessariamente buono, ma che si è prodotto seguendo il percorso stabilito, regolamentato e controllato. Anche nel biologico ci sono prodotti di fascia alta e di fascia bassa; per fare un esempio, la pasta di somala a marchio del distributore (le così dette private label, i marchi delle catene di supermercati) costano più o meno la metà della nostra. Noi siamo di solito un 30% più alti del prodotto di fascia alta non biologico, è questo il parametro da confrontare. Sicuramente siamo molto più cari sui prodotti freschi in quanto c'è un costo di produzione superiore.

Riguardo incentivi e fondi pubblici e/o europei?
Quando ci sono elargizioni di fondi succede che si ha una impennata delle superfici agricole biologiche, e poi quando questi finiscono si torna indietro. Il nostro modello di impresa è fatto proprio per essere svincolato ed indipendente da questi fattori. Poi sarebbe opportuno che una agricoltura come la nostra che non inquina, che non fa male, dovrebbe avere un supporto pubblico maggiore, almeno dal punto di vista culturale e della corretta informazione. Bisogna dire che la regione Emilia-Romagna ha sempre stanziato quote di agevolazioni, poi ritengo sarebbe giusto che i benefici fosse maggiori.

La vostra penetrazione nei mercati esteri?
Siamo forse uno dei marchi più visibili all'estero, l'Italia ha la caratteristica di esportare molto, ma a livello di marchi a parte Ferrero, De Cecco e Barilla per dire, si vede poco a livello globale. Il nostro secondo mercato dopo l'Italia è il far-east, il Giappone in primis, poi Cina e Sud Est asiatico: quest'anno faremo un 16-17% del fatturato all'estero. Il nostro limite e problema è spiegare all'estero perché i nostri prodotti costano il doppio degli altri, e quindi dobbiamo fare una politica di marchio.

Mi pare che avete una forte presenza in sud-America, è corretto?
Sì, ma non come vendite, come acquirenti, abbiamo produttori di quello che viene chiamato fair-trade per i prodotti che qui non vengono coltivati, come caffè, cacao, zucchero di canna. Abbiamo una rete di piccoli produttori di 2-3 ettari, magari nelle montagne del Costarica o del Nicaragua, abbiamo una cooperativa in Costarica che si chiama Sin-Frontera che associa vari produttori locali.

Avete anche punti vendita diretti vostri?
Avevamo aperto 2 caffè – ristoranti – Alce Nero, uno a Cesena ed uno a Bologna, poi li abbiamo chiusi perché non è il nostro mestiere e perdevano. Quello di Bologna poi è diventato Berberè, abbiamo avuto la fortuna di conoscere i fratelli Aloe (i giovani fondatori di Berberè ed oggi nostri Soci in Berberè Srl... o meglio, siamo noi ad essere soci loro) e siamo entrati nella loro società delegandogli di fatto questa particolare attività che non rientra nel nostro core business. Per ora è una società che non guadagna ma si sta espandendo e sviluppando velocemente: siamo arrivati a 7 punti compresi due a Londra. Direttamente poi noi vendiamo online sul nostro sito dove abbiamo uno shop completamente rifatto e molto funzionale, anche perché noi abbiamo una linea di 300 prodotti e per quanto sia, in negozio ne puoi trovare 40-50 al massimo. Riguardo la vendita diretta, non abbiamo ancora deciso il come, ma strategicamente riteniamo che dovremo avere una rilevante parte dei nostri prodotti venduti direttamente, su questo abbiamo varie idee che stiamo sviluppando.

17 agosto 2017

Prof.ssa Paola Profeta (UniBocconi): statistica, quote rosa ed eccellenze

Nata a Milano nel 1972, laureata in Discipline Economiche e Sociali presso l'Università Bocconi nel 1995, ha ottenuto il PhD in Economics presso la Università Pompeu Fabra di Barcellona nel 2000. Ha inoltre svolto periodi di studio e ricerca presso la Columbia University di New York e la Université Catholique de Louvain in Belgio. Stiamo parlando della prof.ssa **Paola Profeta**, attualmente professore associato di Scienza delle finanze all'Università Bocconi di Milano (dal 2005) e coordinatrice della Dondena Gender Initiative del Centro Dondena per le Dinamiche Sociali e le Politiche Pubbliche dell'Università Bocconi. E' Research Affiliate del CESifo di Monaco e del Child. Fa parte del comitato editoriale delle riviste CESifo Economic Studies e European Journal of Political Economy. Dal 2007 collabora con Il Sole 24 Ore, per il quale è esperta di temi di economia di genere e di promozione della partecipazione delle donne nell'economia e nella società. Sui temi del lavoro femminile è intervenuta in numerosi eventi organizzati da istituzioni, centri di ricerca, media. In precedenza è stata ricercatrice di scienza delle finanze all'Università degli Studi di Pavia e docente all'Università Pompeu Fabra di Barcellona. I suoi interessi di ricerca si rivolgono all'economia pubblica, ai sistemi di welfare (soprattutto pensioni e istruzione), all'economia di genere, alla political economics e all'analisi di sistemi di tassazione comparati. E' autrice di numerose pubblicazioni. In particolare, ha pubblicato in diverse riviste internazionali di prestigio, tra cui Journal of the European Economic Association, Journal of Public Economics, Economic Journal, Oxford Economic Papers, Economic Policy, International Tax and Public Finance, European Journal of Political Economy, Public Choice. Ha inoltre curato per Routledge una serie di volumi sui sistemi fiscali in diverse aree del mondo. E' sposata e mamma di due bambine, nate nel Gennaio 2001 e Febbraio 2008.

Lei è una esperta di statistica, tra le altre peculiarità. Quando una statistica si può definire affidabile, nel senso, quale massa di campione deve avere la base su cui si opera l'indagine?

Non c'è un numero predefinito di soggetti, dipende da cosa si vuole misurare e dal contesto. Se osserviamo un universo grande serve un campione di ampie dimensioni, se invece l'universo è piccolo, basta un numero limitato di campioni. Non esiste una regola unica in questo campo. Se i dati provengono da fonti ufficiali, come Istat ed Eurostat, i dati sono generalmente attendibili; se vengono da origini non ufficiali, allora lì non vi sono certezze.

Quanto influisce il fattore umano, scelta dei campioni ed interpretazione dei dati, sul risultato della statistica?

Questo è importante, le statistiche, sempre che siano ufficiali ed attendibili, danno semplicemente una descrizione dei fenomeni, una rappresentazione della realtà. Il passaggio successivo è far parlare questi dati, interpretarli e spiegarli, a quel punto si crea l'aspetto un poco più problematico. E' necessario un approccio 'scientifico' da parte del ricercatore, perché persone diverse potrebbero interpretare gli stessi dati in maniera diversa. Serve quindi un metodo scientifico, come in altre discipline, per arrivare ad avere un risultato che sia rigoroso in modo che non ci siano interpretazioni diverse rispetto gli stessi fenomeni. E' che trattandosi di scienze umane, vicine al sociale ed alla realtà, molti si improvvisano ed a partire da un dato, tante persone li interpretano in maniera personale basandosi sulle proprie idee ed esperienze, senza usare un metodo rigoroso e consapevole.

Lei si occupa anche di problematiche afferenti il lavoro femminile e nel Convegno di Nomisma dove era panelist si affrontava il problema delle quote rosa, ed in particolare della legge Cosmo-Golfo. Nel 2017 esiste ancora un 'problema donna nel lavoro' ed in caso affermativo tutto questo non è sconsolante?

E' uscito proprio qualche giorno fa, per il World Economic Forum, l'annuale Global Gender Gap Report che è il rapporto più attendibile su differenze e diseguaglianze tra uomini e donne nel mondo del lavoro. Le notizie non sono per niente buone riguardo il nostro paese, l'Italia risulta al 118° posto su 144 paesi nella classifica del settore economia e siamo calati anche sul versante della politica. Sul fronte del lavoro abbiamo il peggior risultato al 2006, la parità è ancora lontana e stiamo facendo pochi progressi. Questo report raccoglie tutti i dati riguardanti l'intero percorso lavorativo della donna nel mondo del lavoro, dall'accesso alla carriera. In Italia abbiamo un tasso di occupazione femminile molto basso che è fermo al 47% da oramai 10 anni. Il sistema delle quote si utilizza quando si vuole promuovere la parità nelle posizioni apicali, come con la legge Golfo-Mosca sui CdA. Dal punto di vista della rappresentanza nelle posizioni di vertice in effetti è servito, il nostro paese risulta proprio quello che in questo campo ha fatto più progressi; è vero che partivamo da così in basso che era difficile fare peggio, ma pur in ottemperanza agli obblighi di legge siamo passati dal 7 al 30%. Questo strumento non può ovviamente risolvere tutti i problemi atavici del nostro paese in tema di disuguaglianze di genere che si fondano anche su una cultura molto maschilista.

Provocatoriamente, la Golfo-Mosca ha inserito le donne nei CdA, ma questo non si è tradotto parimenti in una maggiore presenza nei 'posti che contano', Amministratore Delegato, Direttori, deleghe importanti. Può essere stato una specie di 'contentino' per tacitare senza cambiare?

La legge riguarda solo i CdA e non poteva essere diverso, la sfida era quella di vedere se a cascata potesse ricadere sui ruoli direttivi. Cosa che finora non sappiamo. sono processi lenti e ci vuole del tempo per vederne gli effetti.

Esiste il pericolo che la Golfo-Mosca funzioni come gli incentivi alle auto, 'drogando' il sistema e regredendo quando il processo esaurisce i propri effetti?

Questo lo vedremo, la legge è temporanea, sarà in vigore ancora per qualche anno poi tireremo le somme. Spero che il risultato si consolidi visto che in questo caso l'obiettivo è di arrivare ad un equilibrio tra uomini e donne. L'obbligo non piace mai a nessuno, ma era un sistema per sbloccare un sistema inchiodato.

Quando scoppiò la crisi del 2009 si notò che colpì massimamente l'occupazione maschile, lasciando stabile quella femminile. Ora è noto che questo accadde perché fu colpito il settore manifatturiero molto di più di quello dei servizi, ma questo può fornirci motivi di riflessione?

E' vero, ma dobbiamo considerare che l'occupazione femminile è bassissima, rimanendo storicamente sotto il 50%, il fatto che sia rimasta stabile non è che sia poi così positivo. Quella maschile è proprio crollata, ma i margini sono molto diversi. Se guardiamo i lavori a tempo determinato ed il precariato, l'occupazione femminile Soffre di più di quella maschile.

Fra i problemi della donna nel mondo del lavoro ci sono sicuramente i compiti da 'casalinga', il tema della Worklife Balance che già affrontai con la dott.ssa Zanarini, quindi tutta una serie di facilities come la realizzazione di asili limitrofi al posto di lavoro, il semplice acquisto di frigoriferi ove farsi portare la spesa ed evitare di doverlo fare prima di tornare a casa, potrebbero incrementare le possibilità del lavoro femminile?

Sicuramente, piccole cose pratiche che portano grandi benefici. Ci vuole un poco di volontà da parte di tutti gli attori, dal punto di vista sistemico è sempre stato un rimbalzarsi tra il pubblico ed il privato. Entrambi gli attori vorrebbero che i costi fosse a carico dell'altro e quindi si crea un collo di bottiglia. Quello che facciamo anche come centri di ricerca è dimostrare che questi costi sono in realtà investimenti portando una maggiore soddisfazione del lavoro che ne accresce la produttività. Le aziende dovrebbero capire questo aspetto, ma è molto difficile, anche per via del dimensionamento piccolo e medio-piccolo delle imprese italiane.

L'altra sua specializzazione è sul fronte pensionistico, cosa ne pensa della rigidità e dell'automatismo che alza l'età del pensionamento dell'attuale sistema?

Il sistema è in equilibrio solo se l'età del pensionamento si adegua alle aspettative di vita, perché ci portiamo dietro dal passato il peso di un costo del sistema pensionistico molto gravoso e perché il nostro è un paese che sta invecchiando molto, siamo al top con il Giappone. L'adeguamento dell'età di pensionamento all'innalzamento della speranza di vita è importante per sostenere il sistema pensionistico a ripartizione che abbiamo. Poi se si vogliono studiare modi di anticipare con delle riduzioni o altre tipologie come l'APE va bene, un poco di flessibilità può essere necessaria, ma il principio dell'adeguamento è corretto.

Le quote rosa e sistemi simili, come anche quello in India per inserirle nella politica che conta, agiscono tutti sui vertici, ma non le pare manchi una tutela in basso, nella vita di tutti i giorni, che tuteli la donna dalla violenza come dallo stalkeraggio? La legge esiste, ma le protezioni appaiono quanto mai inefficaci in via preventiva?
La radice comune di tutti questi fenomeni è culturale, andrebbe fatto un lavoro che però richiede molto tempo. Perlomeno se gli incentivi al lavoro femminile sono molto pochi, quelli ai centri di ascolto, a quelli di aiuto per le donne esistono. Resta il fatto che in Italia abbiamo un retroterra culturale molto, molto arretrato in questo campo.

Lei ha conseguito un Phd all'Università della Catalogna, tema al centro delle tematiche europee al momento, cosa pensa della politica Europea e dei possibili correttivi che si potrebbero introdurre?
La situazione della Catalogna è sicuramente particolare ed è stata sicuramente molto mal gestita, ma altrettanto certo è che si dovrebbe ripensare la politica europea per aumentare l'inclusione. Molti ritengono che questi avvenimenti accadano nei periodi bui, perché in fondo a questi movimenti in uscita esiste sempre una componente economica. In questi momenti trovano terreno fertile i populismi e le spinte indipendentiste, appunto alla radice c'è un tema economico e questo dovrebbe far riflettere. Manca al momento un'attrezzatura che possa funzionare in questi frangenti e superare i momenti di crisi, cosa che finora non si è verificata.

Ho letto, se ho interpretato correttamente, che ritiene siamo in un periodo dove emergono le eccellenze, sinceramente io sono più concorde con la linea che vede il prevalere della mediocrazia, il filone per cui si cerca di non scontentare nessuno. Mi pare si notino le eccellenze perché sono poche.
Dipende dal contesto, sicuramente va aiutata la meritocrazia, inoltre in questo periodo l'idea è che rimanere nelle retrovie, nel mezzo senza prendere posizioni chiare è meglio. Io penso esistano tante eccellenze, ma risulta molto difficile farle venire fuori, è molto difficoltoso emergere.

30 novembre 2017

Presidente Parlamento Europeo Antonio Tajani: il futuro dell'Europa

Il 13 febbraio scorso, in occasione del 63simo anniversario della presenza in Italia della Johns Hopkins University, il Presidente del Parlamento europeo **Antonio Tajani** ha offerto a studenti e docenti le sue riflessioni sull'avvenire dell'Europa, sviluppando i principali temi d'attualità: il nuovo bilancio comunitario, la gestione delle crisi migratorie, il processo di riforme necessarie per un'Unione più democratica e più vicina ai problemi dei cittadini, gli ultimi sviluppi legati alla Brexit, la crescita economica e l'occupazione giovanile. Nell'occasione, il Presidente Tajani si è fermato a rispondere alle domande di noi giornalisti invitati all'esclusivo evento.

Presidente, rispetto alla questione della nave Saipem 12000 bloccata dai turchi al largo di Cipro, quale è la vostra posizione?

Ho parlato con il Presidente di Cipro, Nicos Anastasiades, gli ho espresso la mia solidarietà, Ankara deve rispettare il diritto internazionale. Non è così che ci si avvicina all'Unione Europea, anzi ci si allontana, il tentativo di limitare la libertà di navigazione nei mari non è un fatto positivo, vogliamo che la Turchia faccia marcia indietro.

Sulla Brexit a che punto siamo con le trattative?

Noi insistiamo su tre punti fondamentali: i diritti dei cittadini europei, che sono 3.500.00 di cui 100.000 italiani, che vivono nel Regno Unito; vogliamo che il la Gran Bretagna onori gli impegni finanziari che ha preso con l'Unione Europea; vogliamo che si lavori per difendere la frontiera tra Irlanda del Nord e Repubblica d'Irlanda, garantendo il transito, ma anche che si eviti l'entrata di prodotti alimentari non consentiti in Europa da questa porta. Della Brexit se ne parlerà nelle prossime settimane, poi ci sarà un periodo di transizione, la trattativa non è facile, ma io ritengo arriveremo ad una soluzione soddisfacente.

I problemi sorti con Amsterdam sulla sede di EMA può riaprire la porta all'Italia?
Allora bisogna fare chiarezza, il valore giuridico di una decisione avverrà dopo un regolare processo legislativo che prevede una proposta della Commissione Europea, che è già stata fatta, al Parlamento ed al Consiglio. Nella proposta di riforma del regolamento dell'Agenzia fatta dalla Commissione, si parla della sede di Amsterdam. Ora il Parlamento Europeo, in piena autonomia, sovranità e libertà, dovrà decidere se questa sede è adeguata o meno. Il giorno 22 sarà effettuata una visita della Commissione Ambiente del Parlamento, ad Amsterdam, per verificare se il luogo scelto dagli olandesi sia atto o meno. A quel punto faremo le nostre scelte nel solo rispetto ed interesse dei cittadini europei.

Dei fatti di Macerata avvenuti proprio in piena campagna elettorale che ne pensa?
Io non partecipo alla campagna elettorale, sono il Presidente del Parlamento Europeo, è in questa veste che sono qui. Non credo che in Italia ci sia nessun pericolo di ritorno al fascismo o a forme di comunismo violento; esiste una forma di malcontento e di rabbia che a volte esplode con gesti che devono essere assolutamente condannati. Poi ci sono gesti criminali di qualche folle che ha sparato a degli innocenti, ed è giusto che stia in carcere, se sarà riconosciuto colpevole di quanto addebitatogli e capace di intendere e di volere. Nello stesso tempo crea grande allarme l'omicidio di una ragazza innocente e magari sacrificata con riti che nulla hanno a che vedere con la nostra civiltà. Questo significa che dobbiamo gestire l'immigrazione e l'integrazione di chi, regolarmente, vive in Italia venendo fuori dall'Unione Europea. Anche nell'interesse e dei diritti di questi, è giusto chiedere all'Unione Europea che i clandestini vengano rispediti ai paesi di provenienza. Questo sempre nel rispetto dei diritti dell'uomo. Poi c'è un discorso di sicurezza nel nostro paese ed in tutta l'Europa per evitare il ripetersi di episodi di violenza, anche verso appartenenti alle forze dell'ordine, che creano forte allarme nel pubblico. Le forze dell'ordine sono chiamate a garantire la nostra sicurezza, sono cittadini italiani come gli altri, e quello che è accaduto a Piacenza rende ragione a Pasolini. Questi che aggrediscono carabinieri, poliziotti, finanzieri, sono spesso figli di papà, con il Rolex al polso, mentre gli agenti per strada sono spesso persone del sud che fanno fatica a vivere con stipendi che sono inferiori rispetto al sacrificio che fanno. Dobbiamo quindi portare loro rispetto perché non fanno altro che fare rispettare le leggi della Repubblica che tutti siamo tenuti ad onorare.

Le elezioni italiane come sono viste in Europa?
L'Europa vuole che in Italia ci sia stabilità. Siamo un paese industrializzato con 60 milioni di abitanti, quindi l'Europa guarda a noi con grande interesse e chiede che ci sia stabilità per i prossimi anni.

28 febbraio 2018

Direttore Carlo Cottarelli
Economia italiana e spending review

Dopo la laurea in Scienze Economiche e Bancarie all'Università di Siena e il Master in Economics presso la London School of Economics, **Carlo Cottarelli** ha lavorato dal 1981 al 1987 presso la direzione monetaria del Servizio Studi della Banca d'Italia e dal 1987 al 1988 al Servizio Studi dell'ENI. Direttore Esecutivo al Fondo Monetario Internazionale (FMI) per Italia, Albania, Grecia, Malta, Portogallo e San Marino da novembre 2014 a ottobre 2017. Da ottobre 2013 a ottobre 2014 è stato Commissario per la Revisione della Spesa Pubblica in Italia e dal 2008 al 2013 Direttore del Fiscal Affairs Department del Fondo Monetario Internazionale. Attualmente, oltre ad essere Direttore dell'Osservatorio sui Conti Pubblici Italiani dell'Università Cattolica del Sacro Cuore è Visiting Professor durante il secondo semestre dell'a.a. 2017/2018 presso l'Università Commerciale Luigi Bocconi. Abbiamo incontrato Carlo Cottarelli in occasione di un'intervista rilasciata alla nostra Testata.

Una delle argomentazioni che si sentono più spesso dire è che gli economisti hanno fallito non prevedendo la crisi del 2009.

Certo, gli economisti non sono bravi a prevedere le crisi, ma c'è stato chi nella scorsa decade, avvertì che c'era qualcosa di strano notando come il debito delle famiglie americane si stesse accumulando molto rapidamente. All'interno del Fondo Monetario c'erano economisti come me ed altri, che i prestiti concessi a tassi di interesse molto bassi stavano creando squilibri e si era in presenza di un debito delle famiglie americane che stava crescendo troppo rapidamente. La crisi del 2008-2009 fu dovuta ad un sub-prime market, furono dati soldi alle famiglie americane in maniera tale da distribuirli anche a chi poi non sarebbe poi stato in grado di restituirli. Quei tassi di interesse così bassi avevano creato una bolla speculativa, la domanda è se anche adesso non siamo in presenza di una situazione simile; ho fatto notare più volte come questo pericolo sia reale, speriamo che non avvenga un'altra crisi.

La troika europea, in cui è presente il FMI con BCE e Commissione, nel sentire comune è stata percepita come un qualcosa di negativo, cui si sono addossate molte colpe, forse impropriamente. Frutto di errori fatti nel gestire la crisi greca in particolare o anche mancanza di comunicazione all'esterno.

La Grecia è fallita tecnicamente, ha dovuto fare la ristrutturazione del debito nel 2011. Il paese aveva una situazione oggettivamente insostenibile, spendeva molto più di quanto incassava in termini di rapporti con l'estero, con un deficit al 10% del pil nelle partite correnti. Lo stato greco aveva un deficit molto elevato che nascondeva nelle statistiche ufficiali, c'era la necessità di ridurre la spesa da parte dei greci che allora vivevano ben al di sopra delle loro possibilità. Detto questo, credo che la crisi greca sia stata resa più profonda anche da errori della comunità internazionale all'inizio della stessa, quando si prestavano fondi alla Grecia a tassi di interesse punitivi. In particolare gli europei erogavano prestiti a tassi talmente elevati da rendere il programma internamente difficile da sostenere. Oltre a questo Francia e Germania hanno fatto, secondo me, un errore clamoroso quando pochi mesi dopo, con la dichiarazione di Deauville fatta dalla Merkel e da Sarkozy, affermarono che la ristrutturazione del debito di un paese dell'eurozona non era più considerato un tabù. Questo ha portato a pensare che ci sarebbe stata una ristrutturazione del debito greco ed altri paesi in situazioni simili, facendo crollare la possibilità di funzionamento del primo programma di salvataggio ed aggravando la crisi greca. Poi gli europei hanno capito che se si voleva sostenere la Grecia si dovevano dare prestiti a tassi di interesse più bassi, si è fatta la ristrutturazione del debito, che però non ha avuto effetti decisivi sull'economia greca. Poi ci sono ci sono voluti anni per arrivare ad una ripresa. Ora si è ricominciato a parlare dell'insostenibilità del debito greco, ma adesso che i debiti ellenici sono detenuti dai governi europei, questi dichiarano che il debito del paese è sostenibile, così come in effetti credo sia.

Lei ha affrontato il discorso del debito varie volte, anche nel Fiscal Monitor 2017 presentato in Nomisma aveva puntato il focus sulla massa del debito mondiale ed italiano. In questo anno trascorso ha visto segnali sulla strada della riduzione dello stesso?

Il debito italiano si è stabilizzato rispetto al pil, adesso vedremo i dati Istat che forse ci restituiranno una riduzione nel 2017. Ma bisogna tenere conto che le riserve di tesoreria del governo italiano sono state portate al livello più basso dal 2011, fondamentalmente si sono usate le riserve di cassa per ridurre il debito.

Stando ai dati diffusi, nell'ultima legislatura abbiamo avuto un aumento del debito di 10 miliardi di euro al mese.

Bisogna guardare il dato in rapporto al pil, fino a che c'è un deficit il debito aumenta, su questo non c'è dubbio. E' da valutare il debito rispetto all'economia, questo si è stabilizzato

*rispetto al pil e si è ridotto rispetto alla dimensione dell'economia. Continua ad aumentare
perché siamo ancora in deficit.*

**Alcune parti politiche sostengono che per risolvere il problema del debito basterebbe
uscire dall'euro, tornare alla moneta sovrana e stamparne tutta quella che serve, lei cosa
ne pensa?**
*Ritengo che sarebbe un errore, un salto nel buio, costringerebbe l'Italia a dare credibilità
alla nuova propria moneta, quindi evitare che la gente cerchi di liberarsene per acquistare
euro. Sarebbero necessarie politiche restrittive molto più aggressive di quelle necessarie per
restare nell'area dell'euro. Ci troveremmo di fronte ad un aumento molto forte dei tassi
d'interesse, a meno che non si decidesse di seguire la strada della completa monetizzazione
del debito. In questo caso il debito sicuramente si ridurrebbe rispetto al pil, ma questo
perché ci sarebbe una fiammata inflazionistica, tutto questo viene interamente
sottovalutato. Vorrei essere molto chiaro, il problema di dare credibilità alla nuova moneta
viene completamente sottovalutato dai sovranisti che vorrebbero creare questa nuova
moneta.*

**Il suo pensiero sulla brexit? Ne parlavamo qualche giorno fa con il Presidente Tajani alla
Johns Hopkins, questa è stata una eventualità prevista dai trattati, ma che si pensava
non sarebbe mai successa, tanto è vero che non esiste un percorso definito.**
*Ora anche il Regno Unito ammette che i prossimi anni non saranno facili, l'Europa è molto
più grande della Gran Bretagna ovviamente, questo comporterà che se ci sarà un costo,
questo sarà molto inferiore a quello che dovranno sostenere gli inglesi per uscire dalla UE.
Sarebbe stato meglio che i britannici fossero rimasti nell'Unione, ma molto più per loro che
per l'Unione direi.*

**Oltre che Direttore Esecutivo del FMI è stato nominato dal governo Letta, Commissario
allaspending review, era un periodo in cui si parlava molto di tagli lineari. Poi arrivò il
governo Renzi che ebbe a dichiarare *"Cottarelli ha un compito datogli dal governo Letta
di fare una revisione della spesa, se facesse anche delle proposte io sarei contento!"*,
poco dopo l'incarico ebbe poi termine.**
*Il mio lavoro fu proprio indirizzato a trovare misure che evitassero tagli lineari ed andassero
ad individuare punti precisi ove intervenire chirurgicamente. Nel documento riassuntivo che
preparai e pubblicai, facilmente consultabile, ci sono ben 33 proposte che proposi di
adottare. Nei tre mesi trascorsi come Commissario nel periodo Renzi feci un lavoro
propedeutico che si doveva poi portare avanti, avanzai la proposta di andare a creare
gruppi di lavoro per definire meglio le proposte; la cosa andò poi come si sa.*

**I costi della burocrazia amministrativa, la Nomenklatura come la chiamò il dott. Panara,
ma anche il Presidente Prodi in Johns Hopkins valutò in un aumento del 4% del pil**

l'abolizione dei TAR. Al di là del numero percentuale, la sua opinione in merito come esperto di spending review?

Nel mio nuovo libro 'I 7 peccati capitali dell'economia italiana', il terzo capitolo è proprio dedicato alla burocrazia. Il capitolo quattro è invece incentrato sulla lentezza della giustizia. E' molto difficile quantificare quanto queste cose pesino sull'economia italiana, ma se si va a vedere il parere degli imprenditori ed il perché non decidono di investire in Italia, la burocrazia e la lentezza della giustizia sono ai primi posti.

Ora ci troviamo in campagna elettorale e le promesse, dalla cancellazione della legge Fornero in giù, si sprecano, quanto ci può essere di reale in queste promesse alla luce dei costi che ne deriverebbero?

Qualcosa di quello che viene promesso dovrà essere fatto, se il centro-destra andasse al governo non credo potrebbero evitare di rivedere la legge Fornero o introdurre una forma di flat-tax o che tenda a questo. A me in realtà preoccupa non che le promesse non vengano realizzate, ma che stavolta lo siano, perché c'è un problema di tenuta dei conti pubblici non indifferente.

Tempo fa, il governatore Draghi affermò che per rilanciare l'economia sarebbe stato utile aumentare i salari, in generale.

E' un problema degli ultimi anni che i salari non sono aumentati in proporzione a quanto sono aumentati i profitti delle imprese. In una situazione di globalizzazione come negli ultimi due decenni, ove sono entrati sul mercato paesi come Cina e India, ricchi di forza lavoro e poveri di capitale, è ovvio che ci sia una pressione in questo senso. Sono le leggi dell'economia, aumenta il lavoro rispetto al capitale, il prezzo del lavoro scende rispetto al capitale. Credo sarebbe bene ci fosse un aumento del valore reale degli stipendi, ritengo ci sia un problema di debole domanda aggregata in conseguenza del cambiamento di valore del capitale rispetto ai salari, quale possa essere la soluzione a questo non saprei. Tornare indietro rispetto alla strada della globalizzazione non mi pare possibile, in fondo fa piacere a tutti comprare automobili che costano meno perché vengono prodotte in paesi a basso costo del lavoro. L'unica via percorribile mi pare essere quella di evitare ulteriori passi verso la globalizzazione senza averne prima previsto tutte le possibili implicazioni. Si potrebbe intervenire sulla tassazione per correggere la redistribuzione del reddito, però questo comporterebbe degli accordi sulle politiche fiscali negli accordi internazionali, e non m pare ci sia questa volontà politica. Trump ha ridotto la tassazione sulle imprese per attirare capitali ed investimenti negli Stati Uniti, e questo è un ulteriore passo nella guerra che prosegue da vari anni verso una minore tassazione del capitale, perché il capitale è molto più mobile del lavoro nello spostarsi da un paese all'altro.

Qualche giorno fa in Nomisma, Bankitalia ha presentato un rapporto sulla produttività ove evidenziava come questa sia deficitaria nel nostro paese ed inferiore ad altri paese come il Portogallo.

Chiaramente abbiamo ancora dei problemi, nel mio libro 'I 7 peccati capitali dell'economia italiana' parto proprio da questo punto, che sono venti anni che il nostro reddito pro-capite è fermo. Non era mai successo nella storia italiana che ci fosse un ventennio senza crescita, a parte quelli del periodo bellico. Nei capitoli riporto come oltre la burocrazia e la giustizia i fattori frenanti siano anche l'evasione fiscale ed il crollo demografico. E' importante per spiegare perché in termini di produttività noi cresciamo meno degli altri paesi.

In campo europeo, nel bilancio 2018 l'Unione ha previsto uno stanziamento per la creazione di un nucleo di difesa comune. Al di là che si tratti di difesa piuttosto che di un altro capitolo, è un segnale di volere per la prima volta fare qualcosa che sia comune a tutti i paesi membri, siamo di fronte ad un cambiamento delle strategie europee?
Credo che sarebbe importante ci fosse un bilancio unico europeo che non sia nell'ordine del 1% come adesso, ma del 7-8-9% del pil. Funzionerebbe meglio l'eurozona, ci sarebbe la capacità fiscale a livello europeo per fare politiche congiunturali in caso di necessità. Si potrebbero centralizzare certe politiche di spesa e di tassazione, facendo questo si renderebbero i paesi europei più simili gli uni agli altri facendo diventare l'area euro più solida e portando a convergere le politiche dei vari stati membri. Ad esempio, centralizzando i sussidi di disoccupazione o la tassazione sulle imprese, renderei più simili ed omogenei i mercati del lavoro. E' la divergenza tra i paesi la cosa che può creare tensioni nell'eurozona e portare a problemi come quelli che abbiamo visto nel 2011-2012, con paesi che andavano in una direzione ed altri in quella opposta.

Come vede il futuro dell'Europa? Eravamo uno dei paesi con maggiore fiducia verso l'Europa, ora tra i più scettici.
Più che una previsione ho una speranza, che si vada verso una maggiore omogeneizzazione ed integrazione, anche se so che in Italia al momento non è molto di moda dire questo. Ora siamo uno dei paesi con meno fiducia nelle istituzioni europee, anche se è vero che la stessa cosa si può dire del sentire comune verso quelle italiane. Il problema è che da quando siamo entrati nell'euro non siamo cresciuti, siamo ancora fermi al 1998. Non sono di quelli che dicono che non c'è stato un problema con l'euro, ma che vi siamo entrati impreparati a fare le cose che andavano fatte nell'euro; soprattutto nel tenere in linea con gli altri paesi i costi di produzione. In particolare con quelli del nord-europa, ora in termini di flussi stiamo facendo le cose giuste. Abbiamo accumulato tra il 1999 ed il 2008 un divario con la Germania, in termini di costi del costo del lavoro, che ora stiamo recuperando, ma non ancora del tutto. In termini di finanza pubblica poi, c'è un gap ancora maggiore, in particolare sul versante del debito pubblico. Credo che dobbiamo restare in Europa, ma dobbiamo ottemperare le regole, anche quelle economiche, non solo quelle dei vari trattati.

1 marzo 2018

Dott. Marco Panara (A&F): serve giornalismo di qualità, non solo pluralismo

È originario di Chieti, divide gli studi tra Lecce e l'Università a Roma dove muove i primi passi da giornalista: **Marco Panara** inizia a lavorare a Milano prima per Mondo Economico, un settimanale che oggi non esiste più, e poi dal 1984 per La Repubblica, dove ho cominciato come redattore e poi come inviato per l'economia. Erano gli anni in cui l'Italia scopriva la finanza, la Borsa, i fondi comuni di investimento, in cui le battaglie per la conquista del potere finanziario diventarono pubbliche e gli uomini dell'industria e della finanza divennero personaggi. Nel 1988 si sposta a Tokyo, per aprire l'ufficio di corrispondenza in Estremo Oriente. Pochi mesi dopo si reca a Pechino per raccontare i giorni di Tien An Men. L'Asia cominciava allora a cambiare il suo ruolo nel mondo e il mondo e l'Italia a scoprirla. Il Giappone all'apice della sua potenza economica, la fine dei regimi dittatoriali in Corea del Sud, nelle Filippine, a Taiwan, l'esplosione delle tigri asiatiche prima e poi la potenza emergente della Cina, i primi passi di quel fenomeno travolgente che è stato la globalizzazione. Rientrato in Italia diviene inviato di politica a Roma, poi responsabile della redazione economica, infine coordinatore di Affari&Finanza, il settimanale economico de La Repubblica.

Una domanda d'obbligo: cosa l'ha portata a proporsi come rappresentante politico, visto che ci ricordiamo disse di trovare la politica così noiosa da avere chiesto di essere spostato ad altro incarico quando era corrispondente a Roma?
Ho deciso di candidarmi alle ultime elezioni perché ero convinto che ci trovavamo a un passaggio cruciale. Il 4 marzo non avremmo scelto tra una destra e una sinistra ma tra due visioni diverse della società e del futuro: da una parte chi cerca nel passato, nella chiusura, nel rifiuto della scienza e della conoscenza, nell'antieuropeismo una soluzione alle

incertezze e ai timori che hanno reso fragile la nostra società; dall'altra chi invece, riconoscendo le ragioni di quella incertezza e di quella inquietudine si propone di curarne le cause e di costruire una società migliore, più equa, più prospera, più avanzata e di farlo nell'Europa e con l'Europa, dentro il perimetro dei valori moderni dell'Occidente, della libertà, della democrazia, dei diritti, del welfare, del rispetto. Di fronte ad una scelta tra due modelli di società e idee di futuro così diversi non si può restare a guardare, ed è questa la ragione per la quale mi sono impegnato direttamente. Le linee politiche della maggioranza che è oggi al governo confermano la fondatezza della mia preoccupazione.

In retrospettiva, come vedeva l'Italia da Tokyo e come l'ha trovata al suo rientro? Anche rispetto a quando la lasciò nel 1988.

Lasciai l'Italia per aprire a Tokyo l'ufficio di corrispondenza di Repubblica in Estremo Oriente nell'autunno del 1998. Allora la politica italiana era dominata dal famigerato CAF, Craxi, Andreotti, Forlani che avevano occupato tutto il sistema di potere. Erano gli ultimi fuochi di un equilibrio politico che si stava consumando e al quale la caduta del Muro di Berlino e l'insostenibilità della spessa pubblica italiana avrebbero dato di lì a poco il colpo finale. Al mio rientro, alla fine del '93, c'era stata la stagione dei referendum, era esplosa Mani Pulite, era stato firmato il Trattato di Maastricht, sembrava che l'Italia si fosse risvegliata e un nuovo ciclo politico si stava aprendo. Tornai con molta curiosità, voglia di esserci e di partecipare al cambiamento.

Il suo libro *Nomenklatura* pone l'accento su un problema che è annoso e mai risolto, ed è un vero e proprio macigno che pesa sull'Italia. Il ministro Orlando mi espose dati allarmanti sulla lunghezza dei processi rispetto al Giappone in primis ed agli altri nostri competitors. Il Presidente Prodi, endorser fra l'altro proprio di Insieme, mi valutò in un 4% di incremento del pil la sola cancellazione dei TAR (pur se provocatoria, l'idea di fondo era quella). Il Dott. Cottarelli nel suo ultimo libro dedica un capitolo intero proprio a questo problema. Se guardiamo indietro gli ultimi passi fatti in tale direzione sono ancora gli interventi di Bassanini e le lenzuolate di Bersani, ci sono speranze e cosa si potrebbe fare per mitigare questa situazione?

L'Italia è ostaggio della sua cultura giuridico-amministrativa, che è l'ostacolo principale allo sviluppo e alla modernizzazione. Ora abbiamo una doppia opportunità, la prima è la trasformazione digitale, che se fosse accompagnata da una reingegnerizzazione dei processi amministrativi e fosse adottata in maniera pervasiva potrebbe essere una leva trasformativa potente. La seconda è il rinnovo generazionale, nei prossimi cinque anni andranno in pensione alcune centinaia di migliaia di dipendenti pubblici e saranno sostituiti da giovani che dovrebbero essere meno conservatori, avere una cultura digitale ed essere più innovatori. Ma dipenderà da come saranno gestiti questi passaggi, se si vorrà veramente un'amministrazione digitale oppure solo un'amministrazione che usa le email invece di mandarsi le lettere, e se si vorrà approfittare del cambio generazionale per dotare la pubblica amministrazione di competenze articolate e non solo giuridiche, se il personale sarà selezionato in base al merito o se sarà una gigantesca operazione clientelare: in sostanza se si vorrà davvero modernizzare la PA e attraverso di essa il paese, oppure quella sarà solo la bandiera dietro la quale lasciar prosperare vecchie rendite e vecchi sistemi di potere e alimentare nuove clientele.

Nei suoi libri ha toccato anche altri due problemi fondamentali per il nostro paese, la scuola ed il lavoro. In merito alla scuola direi che oggettivamente si fa fatica a vedere cambiamenti in positivo da non so quanti decenni, la laurea breve si è rivelata un semi-fallimento, in tutti i convegni, sia il Presidente Prodi che il Presidente Vacchi, hanno evidenziato la carenza delle figure professionali necessarie alle imprese, ne usciremo mai?

Non lo so se ne usciremo, so che non abbiamo nemmeno cominciato a cercare la strada per uscirne. La scuola in questi anni si è impoverita, i docenti sono stati indeboliti; l'università è stata frammentata, provincializzata. E oggi i giovani non trovano lavoro mentre le imprese non trovano le competenze delle quali hanno bisogno. La scuola è un pachiderma fragile, al quale le riforme continue e spesso contraddittorie hanno fatto più male che bene. Quello di cui ha bisogno è una visione solida e condivisa e un progetto di lungo termine da portare avanti con continuità e coerenza e con i tempi giusti. La scuola apre tutte le mattine le aule ai bambini e ai ragazzi, non si può chiudere per restauri, e questo richiede che la trasformazione necessaria rispetti nei tempi e nei modi una operatività che tocca milioni di bambini e ragazzi, le loro famiglie, gli insegnanti. E richiede che quel processo trasformativo non sia il frutto di una improvvisazione politica, ma di riflessione e discussione. Che sarebbe ora di cominciare a fare.

In merito al lavoro, il jobs act ha prodotto risultati limitati al periodo di vigenza degli incentivi, ma soprattutto gli economisti internazionali fanno notare come, per la prima volta nella storia dell'umanità, la rivoluzione tecnologica in atto non produca nuove figure, ma la sparizione degli occupati sostituendoli con tecnologia. Dalla Germania hanno calcolato che in futuro non ci sarà materialmente lavoro per tutti nemmeno con una forte ripresa e che sarà necessario prevedere redditi minimi di sopravvivenza. Senza collegarci alle polemiche del nostro giardino sul reddito di cittadinanza e affini, ma verso che mondo stiamo andando secondo lei che è sempre stato molto attento alle dinamiche sociali?

I passaggi tecnologici distruggono il vecchio lavoro, questo lo sappiamo, e nell'esperienza delle passate rivoluzioni industriali poi ne hanno creati di nuovi. L'altra cosa che sappiamo è che tra la distruzione dei lavori vecchi e la nascita di quelli nuovi in misura adeguata a compensare quelli perduti passa del tempo, e una o anche due generazioni pagano un prezzo elevato a quella trasformazione. Se la rivoluzione digitale in atto creerà tanto lavoro quanto ne distrugge non lo sappiamo, ma non lo sapevano neanche gli artigiani ai tempi della prima e della seconda rivoluzione industriale e gli operai ai tempi della terza. È difficile immaginare quello che ci aspetta e le preoccupazioni sono legittime. Le nuove tecnologie sostituiscono sempre più oltre al lavoro fisico anche il lavoro concettuale e cominciano a sostituire anche quello intellettuale sofisticato, e questa è una esperienza che l'umanità non ha mai vissuto prima. Un altro aspetto è che le grandi trasformazioni hanno spostato masse enormi di lavoratori prima dall'agricoltura all'industria e poi dall'industria al terziario: la trasformazione attuale dove le sposterà?

In campagna elettorale si sono sprecate le promesse da tutte le parti, qualcosa dovranno poi mantenere, come si potranno muovere tra le pieghe di un bilancio risicato e le maglie di un debito pubblico colossale? Alcuni sentori di una nuova bolla sono avvertiti da vari economisti.

Il governo formato da 5Stelle e Lega parte con un programma molto generoso, ma non realistico. Potrà non essere attuato, come alle promesse elettorali e ai programmi di governo è quasi sempre accaduto in passato, oppure potrebbe essere attuato a un costo esorbitante non solo per l'equilibrio del bilancio pubblico ma per tutta l'economia del paese, e il prezzo lo pagherebbero tutti, risparmiatori e imprese, lavoratori e pensionati. E tutto ciò prima ancora di pensare alle conseguenze sulla stabilità europea e all'ulteriore costo sociale, politico ed economico che un indebolimento dell'Unione porterebbe con sé.

Sovranisti, isolazionisti, nazionalisti, il sogno di un'Europa unita sta svanendo sotto la spinta di forze centrifughe e personalismi? Cosa a suo parere dovrebbe fare l'Europa?

Il passaggio dall'approccio comunitario a quello intergovernativo è stato rovinoso per il progetto europeo, ha fatto esplodere gli egoismi, ridato forza ai sistemi di potere e alle rendite di posizione. Con l'esplosione della crisi il meccanismo intergovernativo ha dato il peggio di sé, quando più c'era bisogno di solidarietà ha prevalso l'egoismo, quanto più c'era bisogno di fiducia ha prevalso il sospetto, quanto più c'era bisogno di democrazia ha prevalso la tecnocrazia. Quando più c'era bisogno di comunità ha prevalso l'individualismo. Rimettere insieme i cocci di un'opinione pubblica di cui sono stati sobillati i sentimenti più regressivi non sarà facile, ma si può ricominciare a costruire e il primo passo è aumentare il tasso di democrazia dell'Unione.

Diverse politiche di governance europea, come il meccanismo dello spitzenkandidat, sono andate in direzione di avvicinare i cittadini alle istituzioni, sono sufficienti o c'è ancora molto da fare? Il mio sentore è che spesso, soprattutto i politici italiani che risiedono nelle istituzioni europee, tendano ad isolarsi, è molto più facile avere una intervista, o comunque una risposta, da un Presidente Europeo che da un politico italiano in Europa.

Penso che l'elezione diretta del presidente della Commissione sia un passo giusto nella direzione dell'aumento del tasso di democrazia dell'Unione. Penso anche che oltre alle auspicabili innovazioni istituzionali sarebbe molto utile che i parlamentari europei rappresentassero un legame reale tra i cittadini e le istituzioni dell'Unione. E si possono fare anche innovazioni piccole ma significative: in alcuni paesi membri dell'Unione su ogni fontana restaurata, su ogni ponte, su ogni autobus urbano finanziati con quelle risorse c'è una targa con su scritto "L'acquisto (o il restauro, o la costruzione) è stata finanziata dai Fondi Europei", in Italia quella targa non l'ho vista mai.

Tema caldissimo resta l'immigrazione, i regolamenti di Dublino furono redatti in tempi in cui non c'erano i numeri attuali, come si potrebbe intervenire al momento senza alzare muri che hanno già dimostrato tutta la loro inutilità, limitandosi semplicemente a spostare i flussi.

L'immigrazione non regolata e non gestita è un problema in sé, e diventando il parafulmine del disagio sociale cresciuto in questi anni difficili, è diventato un enorme problema politico. La soluzione non esiste quando ci sono aree del mondo con tenori di vita così diversi e con andamenti demografici così diversi, e il problema diventa drammatico quando i popoli sono vittime di conflitti o di regimi sanguinari. Bisognerebbe ridare la pace a quei popoli, aiutarli ad avviare un processo di sviluppo sociale ed economico, bisognerebbe cioè rimuovere le cause delle migrazioni "epocali". Ma non sembra stiamo avendo molto successo da questo punto di vista e allora lo sforzo maggiore deve essere nel contenimento del fenomeno, come è stato fatto dall'Italia nell'ultimo anno e mezzo; nel contrasto determinato della criminalità che gestisce il traffico di esseri umani; nella gestione efficace degli ingressi e dei riconoscimenti; in processi di integrazione strutturati. Un impegno enorme e non temporaneo che va affrontato insieme, da tutti i paesi dell'Unione.

Per chiudere un tema decisamente attuale ed importante, il futuro della carta stampata che, stando alle previsioni, viene data in estinzione. Guardando i dati delle agenzie di certificazione vendite i numeri sono decisamente preoccupanti con cali di vendite continui ed in alcuni casi molto forti. In che maniera si può invertire la tendenza, se ritiene ciò possibile. Molti lettori ed anche attori del mercato pongono l'accento su una maniera di scrittura ancorata al passato e che oggi non riesce più a catturare l'attenzione del pubblico, la testualità viene definita 'pomposa' e quindi non gradita alle nuove generazioni. A fronte di ciò, dalle analisi e test che ho fatto, mi pare che al di là di abbellimenti di facciata, diversi format grafici, le grandi testate (il Presidente Prodi stesso prima dell'intervista, con la sua proverbiale sagacia ed umorismo, chiese "Ma esistono ancora le testate?") si chiudono a fortino. Si parla spesso di due scuole giornalistiche, una anglosassone molto tesa al controllo del potere per così dire, cani da guardia si usa spesso dire, e quella (con molte fortunate eccezioni) italiana più 'sensibile' ai cosiddetti poteri forti. Che futuro per la professione anche alla luce degli scenari moderni dove impazzano social e influencer?

I tempi d'oro della carta stampata sono alle spalle e non ritorneranno. Pazienza. Ciò che conta sono il pluralismo e la qualità dell'informazione più che i media attraverso il quale l'informazione raggiunge il pubblico. Il pluralismo mi sembra meno in pericolo che in passato con l'abbattimento dei costi di accesso all'attività editoriale che internet consente e con l'informazione diffusa che smartphone e web hanno favorito. Più problematico è il problema della qualità dell'informazione, la verifica, la corrispondenza delle notizie alla realtà, l'utilizzo strumentale e sofisticato di informazioni false per alimentare il pregiudizio e perseguire specifici interessi. È un problema che dovremo imparare a gestire se non vogliamo che abbia un impatto negativo (che in parte ha già avuto) sulla qualità della democrazia. Dobbiamo essere consapevoli del rapporto che c'è tra la tipologia di media e l'esercizio della cittadinanza da una parte e del potere dall'altra. Per i regimi sarebbe stato assai più difficile diventare totalitari se non ci fosse stata la radio.

15 giugno 2018

Marco Valbruzzi (Istituto Cattaneo): Bologna, come vota la periferia

In seguito al voto del 4 marzo 2018 sono state pubblicate numerose analisi sulla correlazione tra caratteristiche socio-demografiche degli elettori e le decisioni di voto. Nomisma e Istituto Cattaneo propongono un'analisi che si differenzia dalle altre per la granularità dei dati utilizzati e, in secondo luogo, per l'ambito territoriale scelto. Lo studio, infatti, analizza le possibili relazioni tra caratteristiche elettori e dinamiche di voto tra il 2013 e il 2018 a partire dalle sezioni di censimento e dai civici riferiti alle sezioni elettorali, per poi aggregarli al livello di aree statistiche. L'ambito territoriale oggetto di analisi è quello delle periferie bolognesi, luoghi in cui, negli ultimi anni, si è generata una domanda "di senso" al quale la politica è chiamata a dare risposte. A supporto nell'analisi Nomisma ha raccolto e sistematizzato i dati georeferenziati relativi alle zone scelte ragionando sull'interpretazione socio-economica delle dinamiche, mentre l'istituto Cattaneo si è focalizzato sui risultati del voto per singola sezione elettorale fornendo l'interpretazione politica. Sull'argomento abbiamo intervistato il curatore dell'analisi **Marco Valbruzzi** dell'Istituto Cattaneo, nonché ricercatore al Department of Political and social Sciences dell'European University Institute e autore di *Primarie. Partecipazione e leadership* (BUP, 2005). Nel 2010 ha curato *Il potere dell'alternanza* con G. Pasquino (BUP) e, nel 2012, con A. Seddone *Primarie per il sindaco* (Egea). È tra i fondatori di *Candidate & Leader Selection*.

Dalla vostra ricerca sul voto in periferia a Bologna, si è evidenziato come il PD sia stato premiato nel centro di Bologna (ndr: il centro è inteso entro la cinta muraria) e penalizzato nelle periferie, dove tradizionalmente aveva il suo bacino la sinistra.
Sì, questo è un processo che viene da lontano, la sinistra nasce dai quartieri popolari, rappresenta i territori popolari, ma negli ultimi dieci anni si era progressivamente allontanata dai settori popolari dell'elettorato. Il fattore interessante è che oggi troviamo i

territori dentro le città. Se noi andiamo ad analizzare le città territorialmente, vediamo che il PD a Bologna, Roma, Torino, ha iniziato ad avere i suoi punti di forza non più nelle periferie, ma nelle zone centrali, quelle che possiamo definire a traffico limitato. Dentro le mura una porzione di elettorato particolarmente benestante, ovviamente rispetto a quella che vive nelle zone di periferia, si trova a suo agio nel voto al Partito Democratico. E' il sintomo di una mutazione genetica, elettorale e programmatica, che riesce a dare risposta alle esigenze dei quartieri centrali, ma non riesce più ad intercettare le persone che vivono nei quartieri periferici.

Il 'non voto' quanto ha inciso a seconda delle zone? La percentuale è stata identica sia in centro che in periferia o differente? Si tende a dire che gli elettori del PD siano più portati all'astensionismo rispetto a quelli dei M5S e Lega.

Anche questo è interessante, perché abbiamo notato che il non voto ha cominciato a pesare di più in periferia, quel sentimento di esclusione, di perifericità sociale, il senso di non contare nelle scelte, ha inciso sul non voto e la percentuale del 'non voto' è stata maggiore nelle zone di periferia.

Quindi la percentuale di voti del M5S e Lega ha attinto in maniera ancora maggiore sui votanti?

Esatto, hanno intercettato tutta una fascia di voto proveniente dai quartieri popolari.

Altro fattore di cui si parla spesso riguardo al voto è la fascia di età dei votanti, pare che gli over 50 premino il PD e le fasce più giovani i M5S e Lega, corrisponde al vero?

E' vero che i due movimenti riescono ad intercettare il voto giovanile, in realtà l'espansione del Movimento 5 Stelle che è cresciuto dal 2013 lo ha reso un movimento nazionale. Non è più solo un movimento giovanile come è nato, ma ha aggregato fasce di tutta l'età. E' interessante notare come si sia ribaltato il meccanismo per cui erano i genitori ad indirizzare il voto dei giovani, oggi sono i figli che si uniscono al Movimento 5 Stelle e convincono anche i genitori a votarlo. Siamo in uno scenario totalmente diverso rispetto la vecchia socializzazione della politica, dove si parlava di politica in famiglie ed i genitori influenzavano i figli. Oggi invece, appunto, sono i giovani a portare i genitori, ed anche i nonni dove ci sono, a votare Movimento 5 Stelle. Anche la Lega si è allargata, ma non tanto sui giovani, più sulle fasce dei 30-40 che vivono sulla propria pelle le insicurezze e le paure urbane.

Bologna, oggetto della vostra ricerca, può essere presa come esempio nazionale?

Non so se Bologna è un caso di laboratorio, ma sicuramente le stesse situazioni si verificano in altre grandi città come Roma, confrontando ad esempio i Parioli con Tor Sapienza e Tor Bellamonica, dove c'è proprio un vero crollo per i partiti tradizionali. Ovviamente ogni città ha le sue caratteristiche, dove a volte le periferie stanno in centro come Firenze, parliamo di periferie sociali, non geografiche.

Altro punto che mi ha colpito è stato che la periferia, zona di immigrazione, ha premiato la Lega che fa proprio della lotta all'immigrazione il punto forte del suo programma.
Non so se è strano o paradossale, ma in questo caso è proprio la paura dell'immigrato, del diverso. Gli abitanti delle periferie si sentono minacciati non solo per la propria sicurezza personale, ma anche quella culturale; arriva lo straniero e mi ruba parte del mio patrimonio sociale. Poi c'è la paura economica, l'immigrato non può entrare in competizione con chi abita nel centro, ma con i lavori a basso livello tipici delle periferie.

Negli Stati Uniti i trumpiani accusano i democratici di voler favorire l'immigrazione per ampliare il proprio bacino di voti, la vostra ricerca ha interessato anche questo ambito?
Non abbiamo fatto questo tipo di ricerca, ma quello che abbiamo visto a Bologna ed in Italia è assimilabile a quanto è capitato nelle elezioni americane. Le zone più periferiche come il mid-west, hanno votato Trump per le paure legate all'immigrazione, all'idea di Trump di rimettere l'America al centro. Quindi c'è un filo comune che lega le periferie italiane a quelle americane che hanno votato Trump, le periferie inglesi che hanno votato per la Brexit, quelle catalane che hanno votato per la secessione.

Mi pare che in queste elezioni ci siano state similitudini con il voto francese a Macron di En Marche, avete fatto analisi in questo senso? Le banlieu francesi sono molto simili con le nostre.
No, ma la nostra ricerca parte anche da lì, è un momento di rivolta da parte di chi si sente periferico, quelli che abitano nelle campagne francesi votano per il FN di Le Pen, in Germania per l'estrema destra. Quando prendiamo una città e spacchettiamo il voto notiamo come ci sia una spaccatura tra chi si sente periferico e chi si definisce al centro città.

Fra i vostri grafici ce ne è anche uno relativo al reddito, pare che chi ha un reddito medio, medio-alto, voti Lega. Siamo di fronte una nuova guerra tra ricchi e poveri?
Storicamente la Lega prendeva voti nei quartieri benestanti, ad esempio sui colli bolognesi la Lega già otteneva ottimi risultati. Adesso prendono anche i voti degli operai che prima votavano Partito Democratico, che hanno la paura dell'immigrato che arriva a rubargli il lavoro. Sono quelli che si pongono in opposizione all'establishment e si rivolgono principalmente alla Lega, ed in seconda battuta al Movimento 5 Stelle. All'interno del Partito Democratico quelli che si definiscono 'operai' sono una parte minima rispetto quelli che si definiscono 'dirigenti'. I dirigenti e manager sono oggi la parte più importante dell'elettorato del PD.

Per finire, secondo Lei, le periferie saranno la nuova sfida del nostro paese, non solo dal punto di vista elettorale?

Il tema delle periferie sarà il filone più importante dei prossimi anni, non solo come voto, ma socialmente. La politica dovrà affrontare il problema, ed è interessante che i partiti oggi al governo siano espressione proprio delle periferie; vedremo se quindi riusciranno a risolvere i problemi che li hanno portati al potere. L'altro aspetto è che i partiti tradizionali hanno perso ogni contatto, sede, rappresentanze, nelle zone periferiche, anche qui sarà interessante vedere come affronteranno il problema.

16 luglio 2018

Mrs. Emily O'Reilly
European Ombudsman

È una scrittrice e politica irlandese, ex giornalista e giornalista televisiva, attività che le valse un Nieman Fellowship, primo Ombudsman (mediatore) donna a ricoprire, dal 2003, quel ruolo succedendo a Kevin Murphy. Viene eletta mediatore europeo dal parlamento europeo il 3 luglio 2013. **Emily O'Reilly** (Tullamore, 1957) è stata eletta per la prima volta Mediatrice europea nel luglio 2013. In seguito alle elezioni del Parlamento europeo è stata rieletta per un mandato quinquennale nel dicembre 2014. In quanto Mediatore europeo indaga sulle denunce relative a casi di cattiva amministrazione da parte delle istituzioni o di altri organi dell'Unione europea. Per il suo lavoro ha ricevuto il premio «Schwarzkopf Europe Award» nel 2017. Dal 2003 al 2013 O'Reilly è stata la prima donna a rivestire la carica di difensore civico e commissario per l'informazione in Irlanda e nel 2007 è stata inoltre nominata commissario per l'informazione ambientale. Nel 2008 la National University in Irlanda le ha conferito il dottorato honoris causa in giurisprudenza per la sua attività di promozione dei diritti umani svolta nell'arco della sua carriera in veste di difensore civico nazionale. Nel 2014 lo University College di Dublino le ha conferito il dottorato honoris causa in giurisprudenza per il suo impegno decennale in qualità di difensore civico irlandese. In qualità di giornalista, autrice ed ex redattrice politica, durante la sua carriera ha ottenuto importanti riconoscimenti a livello nazionale e internazionale, tra cui una borsa di studio dell'Università di Harvard nel 1988 e innumerevoli premi nazionali. Autrice di tre libri acclamati dalla critica sulla politica e i media in Irlanda, è attualmente membro del consiglio consultivo internazionale della Fondazione Nieman per il giornalismo dell'Università di Harvard. Nel corso della sua carriera giornalistica è stata insignita di due premi: giornalista dell'anno nel 1986 e donna giornalista dell'anno nel 1994.

Mrs. O'Reilly, la figura del Mediatore Europeo è molto importante per difendere i diritti dei cittadini, chi si può rivolgere al suo ufficio? Cittadini e Aziende?

Cittadini, associazioni, organizzazioni non governative, aziende, possono rivolgersi al mio ufficio con un reclamo, essenzialmente chiunque risieda o sia registrato nell'Unione europea. Un modulo online rende facile e veloce presentare un reclamo, mentre una guida interattiva sul sito Web aiuta le persone a decidere se il mio ufficio è nella posizione migliore per aiutarli o meglio un diverso organismo dell'UE o nazionale. Il mio ufficio esamina le denunce relative a casi di cattiva amministrazione da parte delle istituzioni, degli organi o delle agenzie dell'UE. Le persone possono rivolgersi a me per una serie di questioni come i ritardi di pagamento dei fondi UE; problemi con gare d'appalto o contratti dell'UE; il rifiuto di accesso ad atti e documenti o al lobbismo nascosto. Ci sono alcuni elementi che una denuncia deve avere per potermi consentire di aprire una indagine. Deve riguardare un'istituzione, un organo o un'agenzia dell'UE; il denunciante deve prima dare all'istituzione interessata la possibilità di rispondere alla propria denuncia; e il problema non deve essere già presente in tribunale.

Quale procedura deve seguire la richiesta di intervento?

Quando riceviamo un reclamo, controlliamo che si tratti di qualcosa che ci riguarda. Se decidiamo di aprire un'inchiesta, entriamo in contatto con l'istituzione interessata. Ciò potrebbe comportare la richiesta all'istituzione di rispondere a determinati quesiti sollevati dal denunciante o di chiedere una riunione per ispezionare i documenti pertinenti. Queste informazioni vengono quindi inserite nella mia analisi in cui posso proporre una soluzione o segnalare una cattiva amministrazione. Con reclami diretti su problemi relativamente semplici, le richieste possono richiedere solo poche settimane. Problemi complessi che richiedono molte ricerche possono richiedere molti mesi. Manteniamo i denuncianti informati sul progredire dell'inchiesta e cerchiamo di completare le richieste quanto prima possibile.

L'ombudsman agisce solo su richiesta o può intervenire anche in autonomia?

Uno dei poteri più importanti che ho come Mediatore europeo è la capacità di agire su un problema indipendentemente dal fatto che io abbia ricevuto un reclamo a riguardo. Apro un'inchiesta di mia iniziativa quando penso che ci sia un problema sistemico che può essere risolto dall'azione del mio ufficio. Alcuni dei più grandi miglioramenti nella pratica amministrativa nelle istituzioni dell'UE sono stati il risultato di tali indagini su propria iniziativa. Un buon esempio di ciò è stata la mia inchiesta di iniziativa sulla trasparenza dei colloqui di libero scambio UE-USA (TTIP). Ha portato a molti altri documenti relativi ai negoziati messi a disposizione del pubblico in modo proattivo. Mentre i colloqui sul TTIP sono sospesi, i principi di trasparenza sono stati applicati ad altri negoziati commerciali.

Ombudsman e Garante della Privacy, due figure diverse, ci possono essere punti di contatto o sovrapposizioni tra i due temi?

Durante il mio periodo ho notato che, in particolare quando si tratta di accedere alle richieste di documenti, le istituzioni dell'UE possono talvolta utilizzare la privacy dei dati come posizione di riserva per non rilasciare un documento. Il mio compito è incoraggiare le istituzioni ad adottare un atteggiamento più incentrato sui cittadini per ribadire che i documenti dovrebbero essere di pubblico dominio, a meno che non vi sia una buona ragione per vietarlo. Troppo spesso il pensiero è piuttosto il contrario, che i documenti non devono essere resi pubblici a meno che non ci sia una buona ragione.

Quali progressi sono stati fatti dal 2013 quando è entrata in carica ad oggi?

Il mio ufficio è relativamente piccolo, circa 65 posti, rispetto a oltre 30.000 nella Commissione ad esempio. Questo significa che da quando sono stata eletta nel 2013, ho cercato di utilizzare le risorse in maniera da portare il massimo beneficio ai cittadini. Il mio obiettivo, in generale, è di aumentare l'impatto, la visibilità e la pertinenza dell'ufficio, in modo che quante più persone ci conoscano e possano essere aiutate da noi. I cambiamenti che ho fatto includono la creazione di un'unità di iniziativa strategica nell'ufficio per esaminare i problemi sistemici nelle istituzioni dell'UE; cambiare le regole interne in modo che i casi possano essere trattati in modo più flessibile e più rapido; introduzione di una procedura rapida per l'accesso alle richieste di documenti. Il risultato è stato un forte aumento del numero di casi e una maggiore importanza dell'ufficio, fatto che ha trovato riscontro con un forte aumento dell'interesse dei media rispetto al nostro lavoro.

Quali sono stati i casi più difficili che si è trovata ad affrontare? E' stata interessata al caso di Safe Harbor?

Interpreterò "difficili" in questo caso, nel senso di inchieste sia' significative' che 'impegnative'. Includerei quindi la mia attuale istruttoria per arrivare ad una maggiore trasparenza del processo legislativo dell'UE, questa è sicuramente tra le più difficili durante affrontate durante il mio mandato di Mediatore europeo. Ho chiesto al Consiglio dell'UE, che rappresenta gli Stati membri, di registrare le posizioni dei governi sulle proposte legislative. Voglio consentire ai cittadini di partecipare attivamente alla vita democratica dell'UE, il che significa poter seguire le bozze di legge dell'UE. È importante per la democrazia e per il benessere dell'UE in generale, che i cittadini sappiano come i loro governi costruiscono le leggi a Bruxelles. Il Consiglio è stato abituato a lavorare seguendo la vecchia scuola della diplomazia internazionale. Le mie proposte per introdurre una maggiore trasparenza richiederanno un fattivo cambiamento culturale, ma in linea con il fatto che il Consiglio è un co-legislatore insieme al Parlamento europeo. Riguardo il caso Safe Harbor, la protezione dei dati è un problema per il GEPD, ma ho avuto uno scambio di lettere con Vera Jourova, Commissaria Europea Responsabile della Giustizia, sul ruolo del Mediatore nel nuovo ufficio per la gestione dei reclami creato come scudo per la privacy UE-USA. Volevo attirare l'attenzione sul fatto che il termine Ombudsman in Europa si riferisce a un'istituzione indipendente e che le aspettative dei cittadini in merito all'indipendenza e all'imparzialità delle istituzioni dell'Ombudsman non dovrebbero essere indebolite.

La Commissione Juncker, attualmente in carica ha messo molti punti forti sui diritti dei cittadini, quali progressi sono stati fatti? La figura del Mediatore è coinvolta nei processi legislativi dell'Unione?

Controllo che i diritti dei cittadini per garantire che l'amministrazione dell'UE operi in modo proattivo e trasparente a vantaggio degli stessi. La Commissione Juncker ha risposto positivamente a molte delle proposte che ho presentato. Vi è più trasparenza nei gruppi di esperti (che consigliano la Commissione); migliore attuazione delle norme sui passaggi di ruolo tra impieghi del settore pubblico e privato; e maggiore trasparenza per quanto riguarda i negoziati commerciali. C'è ancora del lavoro da fare. Ad esempio, mi piacerebbe vedere l'obbligo per gli alti funzionari di pubblicare in modo proattivo i dettagli delle loro riunioni con i lobbisti esteso a tutti i funzionari della Commissione. Raggiungere responsabilità, trasparenza ed etica non è una scienza esatta. A volte c'è un grande balzo in avanti e talvolta i progressi sono lenti. Il compito di un Ombudsman è di tenere sempre presente l'obiettivo più grande e continuare a spingere le istituzioni a migliorarsi continuamente. Il mio ufficio non è coinvolto nei processi legislativi dell'UE, tuttavia può contribuire a migliorare la trasparenza del processo, come nel caso dei colloqui informali, noti come 'trilogues' (riunioni informali a tre), tra le istituzioni dell'UE su progetti di leggi dell'UE. Dopo il mio intervento, sono state diffuse maggiori informazioni pubbliche su questi colloqui, quando si svolgono e quali sono gli argomenti all'ordine del giorno.

Quali sono i migliori risultati raggiunti e quali quelli che ancora non è riuscita ad avere?

Vi sono diversi risultati che meritano di essere evidenziati, come una maggiore trasparenza dei documenti commerciali; il codice di condotta più restrittivo per i commissari; maggiore trasparenza presso la Banca centrale europea; o l'Agenzia europea dei medicinali che pubblica i risultati delle sperimentazioni cliniche. Un caso importante in cui non ho raggiunto il risultato che stavo cercando riguarda la trasparenza in merito alle attività della lobby del tabacco nella Commissione europea. Ho chiesto alla Commissione di pubblicare proattivamente i dettagli – compresi i verbali – di ogni riunione che il suo personale abbia con i lobbisti del tabacco. Attualmente solo il dipartimento salute fa questo. La Commissione ha rifiutato di seguire la mia raccomandazione al riguardo. Ho trovato questo sconcertante, sarebbe facile da implementare e darebbe un segnale positivo importante per il pubblico.

La brexit è un tema sicuramente importante, penso particolarmente per lei che è irlandese, si è attivata su questo argomento riguardo le trattative?

In quanto cittadino irlandese, seguo da vicino questi negoziati, perché hanno il potenziale di influenzare profondamente il mio paese. Come difensore civico sto seguendo attentamente la vicenda con particolare attenzione alla trasparenza. Ho scritto sia alla

Commissione che al Consiglio per chiedere che i negoziati sulla Brexit siano il più trasparenti possibile, dato che il sostentamento di così tante persone dipende dal risultato finale. Finora, le istituzioni sono state lodevolmente aperte, pubblicando proattivamente molti documenti. Voglio garantire che questa apertura continui mentre i negoziati avanzano.

Alcuni procedimenti hanno avuto ampia eco, come la nomina di Barroso a Goldman Sachs, la secretazione degli atti del TTIP, il registro dei lobbisti, in Italia ha destato vasta eco il procedimento nei confronti del Presidente Draghi.

Ognuno di questi aspetti rappresenta un aspetto diverso della buona amministrazione pubblica. La decisione del signor Barroso di passare a Goldman Sachs riguardava l'interpretazione della Commissione del codice di condotta; la mia inchiesta sul TTIP riguardava la trasparenza dei negoziati commerciali; la mia inchiesta sulla partecipazione del presidente Draghi al gruppo dei 30 riguardava la fiducia del pubblico nell'indipendenza di un'istituzione. Ho anche incoraggiato le istituzioni – che stanno attualmente negoziando la questione – a rafforzare il registro dei lobbisti. Un punto comune tra questi temi è l'importanza di evitare qualsiasi percezione che una pubblica amministrazione non funzioni nell'interesse dei cittadini. Non è solo importante avere regole forti di responsabilità, ma implementarle attivamente.

La nuova frontiera del mercato unico digitale e dello spazio unico digitale aprono nuovi scenari rispetto i diritti dei cittadini, rientra nel vostro campo? Avete attenzione su questo ambito?

Il mondo digitale apre diverse questioni generali. Uno è che i cittadini si aspettano risposte rapide, in particolare tra le giovani generazioni c'è poca tolleranza per la segretezza. Un altro fattore è che la cattiva pubblicità si diffonde molto rapidamente. L'essenza del mio lavoro è assicurare una buona amministrazione, ma certamente tengo conto dei cambiamenti nel mondo digitale che influenzano il modo in cui i cittadini percepiscono le istituzioni pubbliche che hanno la missione di servirli.

Prima donna a rivestire questo incarico, ho scritto spesso sul gender gap, anche questo è un ulteriore passo in avanti nel colmare questa lacuna?

Ogni volta che una donna assume una posizione di alto livello, è un'ispirazione per gli altri che seguono, quindi in questo senso è un passo psicologico volto a colmare questa lacuna. Certo, c'è ancora molto lavoro da fare. Prendo atto che la Commissione europea ha recentemente insediato una task force per fornire consigli su come coinvolgere maggiormente le autorità regionali e locali nella definizione delle politiche dell'UE, ma, come molti hanno rapidamente sottolineato, era composta solo da sette uomini. Incidenze di questo tipo stanno diventando più rare, ma è importante che le donne parlino di fronte a tale squilibrio di genere. In questo senso, l'era di #MeToo è una forza per le donne.

Un'Europa con molti movimenti anti-europeisti in crescita, cosa deve fare la UE per avvicinare i cittadini e rinsaldare il sentimento europeo a suo parere? Pensava si arrivasse ad una brexit?

Credo che la Brexit sia il risultato di circostanze molto particolari nel Regno Unito: un panorama mediatico ampiamente ostile nei confronti dell'UE ed una classe politica che, nel migliore dei casi, si è dimostrata tiepida. Se le persone sono alimentate quotidianamente con una dieta anti-UE nelle loro case tramite radio, televisione o giornali, allora ci sarà sempre una possibilità realistica che un voto a maggioranza, scelga l'uscita quando viene data la possibilità di scegliere un referendum. Ero nel Regno Unito poco prima del referendum e ricordo di aver detto ai miei colleghi in seguito, che pensavo il Regno Unito avrebbe optato per il leave, tale era la natura e il livello del dibattito in vista del voto. Penso che la UE abbia un ruolo importante per avvicinare i cittadini all'Unione, in questo in quanto è aperta, reattiva e politicamente impegnata con i cittadini. Tuttavia, questa è solo una parte dell'equazione. Anche i politici nazionali hanno un ruolo. Ciò non significa che dovrebbero essere campioni acritici dell'UE, ma specificare esattamente cosa fa l'UE e quanto influiscono gli Stati membri nelle decisioni legislative e in altre decisioni.

20 luglio 2018

Giuseppe Bruni
Atlas Onlus ed immigrazione

Si fa un gran parlare di immigrazione, di 'aiutiamoli a casa loro', di accoglienza e respingimenti. Oltrepassando i tanti luoghi comuni e le frasi fatte, abbiamo deciso di andare a sentire la voce dal vero chi opera in questo campo. Atlas Solidarity, associazione di volontariato a carattere solidaristico, è costituita da 32 soci volontari, ha sede in provincia di Bologna. Sviluppa la propria attività a sostegno delle popolazioni più disagiate. Lo fa essenzialmente trasferendo competenze e, quando occorre, attrezzature utili a praticare tali competenze per rendere autonomi i destinatari dell'iniziativa. In Italia organizza e tiene corsi di professionalizzazione (badanti, colf, baby sitter) e di avviamento all'imprenditorialità per immigrati e italiani in difficoltà lavorative (ormai alla terza edizione). All'estero, ha operato in Libano d'intesa con UNDP per lo sviluppo di cooperative femminili di trasformazione dei prodotti agricoli. Da qualche anno, in Uganda sta sostenendo la St. Theresa Vocational School di Mahyoro. Grazie all'Ufficio Stampa Carapellese, abbiamo intervistato il Presidente dell'Associazione Atlas Solidarity, **Giuseppe Bruni**.

Buongiorno sig. Bruni e complimenti per la vostra iniziativa. Immigrazione e paesi del terzo mondo è un tema quanto mai attuale, in un clima di totale respingimento, che esperienza portate voi?

Grazie dei complimenti, ma siamo consapevoli di fare infinitamente poco in relazione ai bisogni. Siamo fra coloro che pensano al fenomeno dell'immigrazione come fenomeno epocale. Lo è stato molte volte nei millenni, in genere a causa di eventi naturali, oggi è dovuto a cause prevalentemente umane: l'accentuarsi del colonialismo nelle varie forme che ha assunto negli ultimi due secoli e quelle attuali ancor più crude, guerre, rapina di risorse naturali, corruzione, ecc. Atlas Solidarity agisce sui due fronti. Aiuta l'integrazione in Italia di chi ci è già arrivato, lo fa attraverso la formazione all'imprenditorialità e alla qualificazione di chi si vuol dedicare a taluni servizi (colf. Babysitter, badanti, ecc). E sostiene attività formative in Africa, affinché i giovani acquisiscano competenze specifiche che li aiuteranno a trovare lavori dignitosi e a contribuire allo sviluppo del loro Paese. Nella fattispecie in Uganda.

Si parla di pseudo migranti, sembra quasi che chi cerca di arrivare in Italia/Europa lo faccia per diletto, voi che operate in questo campo cosa potete dire al riguardo?
Fra coloro con cui abbiamo rapporti, prevalentemente donne, ma anche molti uomini, di immigrati che siano venuti per diletto non ne abbiamo incontrati. A meno che non si ritenga dilettevole essere maltrattati, seviziati, violentati, rimanere in mare su una barca sovraffollata per giorni e correre il pericolo di annegare. E non sono quadretti da propaganda "buonista", si tratta solo della realtà di cui spesso le persone portano il segno sui loro corpi, sul viso, segni visibili.

Altra frase fatta che si sente sempre dire è "Aiutiamoli a casa loro", voi avete un progetto ed esperienza in questo campo, è possibile, ad oggi, evitare l'immigrazione 'aiutandoli a casa loro'?
Sì. Nell'ambito dei progetti di "aiuto a casa loro" abbiamo ricevuto e ospitato in Italia due giovani docenti di una scuola professionale ugandese (400 ragazzi e ragazze di 14-19 anni) e, con il contributo di Cefal, sono stati formati all'insegnamento della meccanica. Abbiamo poi raccolto da aziende amiche molte macchine utensili e altre attrezzature per costruire un'aula laboratorio di meccanica in questa scuola. Per poter affrontare i costi della spedizione del container in Uganda abbiamo lanciato un progetto di "crowdfunding" denominandolo "Aiutiamoli a casa loro, per davvero" e dandogli ampia visibilità sui social. E' stato un successo, ma per il generoso intervento di nostri soci e loro amici, in sostanza il nostro contesto. Di tutti coloro che sostengono di doverli "aiutare a casa loro" non s'è visto nessuno! Puro slogan mistificatorio che copriva ciò che fino a qualche tempo fa era vergognoso ammettere e che ora ci sembra esser stato sdoganato: un egoismo ed un razzismo che non trovano più vergogna ad esplicitarsi nella loro vera natura.

Per arrivare a fare sì che non abbiano più necessità di abbandonare tutto per cercare di sopravvivere, cosa è, o sarebbe, necessario fare? Con che tempistiche?
A nostro avviso, e ne abbiamo parlato più volte nella nostra associazione e con altre- sarebbero necessarie alcune soluzioni di portata sia strutturale, che contingente. Anzitutto smettere di rubare terre e risorse naturali da parte dei Paesi sviluppati, quelli di vecchia tradizione coloniale, ma anche le nuove entry cinesi. Situazioni ben documentate che riguardano non solo le miniere, ma estesissime superfici agricole, espellendo le popolazioni che da millenni vi erano insediate. A complemento di quest'astensione dal rubare in casa altrui, si potrebbero predisporre piani di sviluppo locale con la partecipazione di quelle popolazioni per farne i promotori di quell'auspicato sviluppo di cui beneficerebbero anche i Paesi più evoluti. Sarebbero molteplici i benefici: si contrasterebbe la povertà e le

disuguagliane, si formerebbero imprenditori e lavoratori di aree nelle quali tutti prevediamo esplosioni demografiche senza precedenti: è l'unica cosa da fare se non li si vuole tutti qui. Nel breve c'è solo da gestire un fenomeno che né il mare, né i muri arresteranno. E lo si può gestire, gestendo l'integrazione di chi arriva, perseguitato da guerre e/o da fame senza distinzione (producono lo stesso risultato: la morte). In due modi, a nostro parere: "aiutandoli a casa loro" trasferendo competenze, investendo nei vari settori in modo che impieghino quelle competenze. A questo proposito abbiamo un'idea sugli investimenti da fare "a casa loro": che vengano retribuiti com'è giusto, i capitali finanziari investiti e, parimenti, vengano ripagati tutti gli altri capitali che le imprese usano per produrre quel profitto che ripagherà quel capitale finanziario: il capitale umano, quello sociale e relazionale, quello naturale riversandone il ripagamento in termini di benefici per tutta quella comunità in cui le imprese sono insediate. Idealismo utopistico? Neppure un poco. E' ciò che le imprese europee dal 2017 sono tenute a fare, anzitutto quelle di più grosse dimensioni e si vede già il trascinamento anche per le PMI in termini di convenienza economica: il potere di una buona reputazione!

Voi avete anche progetti di ausilio e aiuto in Italia per gli immigrati, su questo cosa può dire? Nel sensazionalismo mediatico sembra che vengano qui a fare niente a vivere sulle nostre spalle, ma voi portate esperienze di imprenditorialità.

Più che altro portiamo esperienze di persone che dimostrano una volontà ferrea e una determinazione che ricorda quella d'altri tempi nell'apprendere e nell'emanciparsi, qualche volta dallo stesso analfabetismo (anche ragazze giovani), assolutamente sorprendenti, come sorprendenti sono i risultati che conseguono. Sanno che non è semplice farsi assumere, spesso inutile attenderselo e manifestano un eccezionale coraggio nell'intraprendere attività che noi non vediamo più come opportunità reddituali: dall'organizzare la raccolta di vecchi elettrodomestici e recuperarne le parti, alla loro riparazione e recupero per i Paesi d'origine, o ancora, all'organizzazione di momenti di coesione fra connazionali che si trasformano nell'organizzazione imprenditoriale di momenti ricreativi e gastronomici, sempre più spesso aperti ai loro amici italiani e poi estesi a tutti, indistintamente. Con il bel risultato che la cosa produce curiosità, interazione, conoscenza fra culture, fiducia reciproca.

Quali politiche e/o iniziative metterebbe in atto rispetto l'immigrazione?
Quelle di carattere più generale le ho dette sopra. Per quanto riguarda Atlas Solidarity, noi proseguiremo nel nostro progetto formativo per coloro che sono qui, lo stiamo facendo presso quella mirabile istituzione che è il Centro Interculturale Zonarelli, un ambiente effervescente e ricco di iniziative in cui ci troviamo a nostro agio e che, per ciò che possiamo, cerchiamo di vivacizzare ulteriormente. Relativamente all'Africa proseguiremo nel sostegno a quella scuola professionale ugandese, investendo in due ulteriori settori: la ristorazione (in Uganda si sta sviluppando un notevole flusso turistico e la scuola è nella zona dei Parchi nazionali dei laghi e delle foreste equatoriali): la formazione delle

insegnanti, affinché formino ragazze e ragazze che vogliano impegnarsi nel turismo, l'attrezzamento della parte alberghiero-ristorazione della scuola; lo sviluppo dell'agricoltura e quindi la formazione degli insegnati, il reperimento di un paio di trattori e di alcune macchine agricole da inviare alla scuola che, peraltro, insiste su una superfici agricola di ben 35 Ha, oggi non coltivati. Con l'aiuto di molti, speriamo.

29 luglio 2018

Prof. Massimo Cacciari
la situazione politica italiana in vista delle elezioni Europee 2019

Nato a Venezia nel 1944, **Massimo Cacciari** si è laureato in Filosofia presso l'Università di Padova nel 1967, discutendo una tesi sulla Critica del Giudizio di Kant con i Professori Sergio Bettini e Dino Formaggio. Già incaricato di Letteratura Artistica e poi di Estetica presso la Università di Architettura di Venezia, è diventato ordinario in Estetica nel 1985. Direttore del Dipartimento di Filosofia dell'Accademia di Architettura di Lugano dal 1998 al 2005, nel 2002 fonda con don Luigi Verzè la Facoltà di Filosofia presso l'Università Vita-Salute San Raffaele di Milano, di cui è il primo preside. Dal 2012 è professore emerito di Filosofia presso lo stesso Ateneo. Ha tenuto lezioni, corsi e conferenze presso numerose università e istituzioni europee. Tra i più prestigiosi riconoscimenti: il premio Hannah Arendt per la filosofia politica nel 1999, il premio dell'Accademia di Darmstadt nel 2002, la medaglia d'oro del Circulo de bellas Artes di Madrid nel 2005, la medaglia d'oro "Pio Manzù" del Presidente della Repubblica Italiana nel 2008, il premio De Sanctis per la saggistica nel 2009, la laurea honoris causa in Architettura dell'Università di Genova nel 2002, quella in Scienze politiche dell'Università di Bucarest nel 2007, quella in Filologia classica dell'Alma Mater di Bologna nel 2014. E' stato co-fondatore e co-direttore di alcune delle riviste che hanno segnato la vita politica, culturale e filosofica italiana tra gli anni '60 e '90, da "Angelus Novus" a "Contropiano", da "Laboratorio politico" al "Centauro", a "Paradosso" *[fonte UNISR]*. Abbiamo raccolto le sue opinioni sull'attuale situazione politica.

Ho letto il suo appello dello scorso 3 agosto, pensa veramente che in questa situazione ci sia speranza di aggregare una grande forza europeista e di sinistra? In Italia la situazione

poi pare veramente difficile. Con le europee alle porte, è tutto caduto nel dimenticatoio o sta andando avanti?

No, non solo della sinistra, ma un movimento delle persone ragionevoli. Continuano ad esserci movimenti come a Padova, Salerno, si formano liste civiche. Tanti si stanno muovendo anche in previsione del congresso del Partito Democratico. Mi pare che quel sassolino che abbiamo buttato qualche risultato lo stia fruttando. Perlomeno 30.000 persone lo hanno firmato.

Gli italiani detestano l'amministrazione Trump, ma si sono spostati in massa su di un insieme di desiderata che ricalcano in larga parte le azioni di The Donald, respingimenti, American First e Italian First, sovranismo, autarchia.

Gli italiani hanno votato a marzo, perché non dovrebbero continuare a sostenerli? Per ora non hanno ancora fatto nulla, dicono che faranno con questa legge finanziaria, quelli che ci hanno creduto e votati continuano a farlo, mi pare tutto logico. Anche Renzi dopo 6 mesi andava alla grande ed arrivò al 40%.

Come ha già avuto modo di osservare, per una questione di numeri, non si può prescindere dal coinvolgimento del PD, ma si è mai visto che una compagine a guida partito perde le elezioni in maniera disastrosa e rimane al suo posto? Perché sono rimasti tutti lì, Renzi, Orfini, Martina, non ricordo un altro paese. Come pensano di essere credibili e non comprendere che serve un rinnovamento?

Esatto, bisogna vedere che se con il congresso cambia qualcosa, se non cambia niente non è credibile.

Pare quasi essersi creata una contrapposizione tra gli intellettuali sbrigativamente etichettati con superficiale sufficienza di sinistra e gli ignoranti che votano a destra sull'onda di paure amplificate ad arte. I vincitori delle elezioni hanno puntato molto sulle paure della gente, come l'immigrazione.

Si evidenziano semplicemente alcuni problemi, non è questione di ignoranza o di cultura, si tratta di ragionamenti elementari che può fare chiunque. Se si pensa che in futuro si possa andare verso un'astratta sovranità della politica o un'astratta sovranità fatta di staterelli nazionali, si finirà per essere in una posizione subalterna verso i grandi imperi, le multinazionali, le grandi potenze economico-finanziarie. L'unico modo vero per combattere questo pericolo è creare uno spazio comune, bisogna muoversi in modo completamente diverso da come ci si è mossi finora, ma la prospettiva è questa. Le altre possibili vie sono semplicemente suicidarie, questo si vede con i dati che abbiamo a disposizione, con le tendenze in atto economiche e culturali, con i problemi dell'immigrazione che non è minimamente affrontabile se non su scala europea. Non è che la gente ha votato Lega e Movimento 5 Stelle sulla base delle promesse con le quali ci troviamo ora a fare i conti. Reddito di cittadinanza, riduzione delle tasse e così via, nella situazione difficile in cui ci troviamo è evidente che è facile credere a queste promesse. Ovviamente io non spero che si sfasci tutto, non sono uno sfascista, ma certo la situazione è drammatica. Per realizzare qualcosa di quello che hanno promesso dovranno aumentare il debito, nella situazione italiana questo non è facile. Non è un problema di Europa che non c'entra assolutamente niente, la UE ha già deciso di mandare a casa Draghi e che la BCE non comprerà più debito, quindi si dovranno rivolgersi ai mercati, se questi lo compreranno bene, se lo compreranno al 10% di interesse male, ma sono fatti nostri, l'Europa non c'entra niente. Sono ragionamenti elementari, se la gente li capisce bene, altrimenti pace, il popolo è sovrano, pazienza. Non sarà né la prima né l'ultima volta che il popolo pensando di fare il proprio interesse si fa del male da solo. Le paure essenziali sono sempre quelle, il reddito, il potere di acquisto fermo da 20 anni, i figli che non trovano lavoro. Se non ci fossero questi motivi, degli immigrati non se ne sarebbero nemmeno accorti.

Lo studio del Cattaneo sulle elezioni di marzo, che poi abbiamo approfondito intervistando Marco Valbruzzi dell'Istituto Cattaneo, ha evidenziato come la sinistra abbia perso in periferia e tenuto in centro. Siamo alla conferma del paradigma su 'i comunisti con il Rolex'?
Sono le cose che mi chiedono sempre, è evidente che negli ultimi 20 anni la sinistra ha perso la propria base sociale, andando a caccia del centro, dei moderati. Dimenticandosi totalmente i resti della classe operaia, il lavoro dipendente, il falso lavoro autonomo a 5-700 euro al mese. Soprattutto grazie al compagno Renzi, per cui prendono i voti nei quartieri del centro e li perdono in periferia.

La fine della sinistra si può far risalire allo scioglimento della DC e conseguente democristianizzazione del PD? In fondo i vari Franceschini, Gentiloni, Renzi, vengono da lì.
No! Cosa c'entra? C'erano anche i comunisti, c'erano i Bersani e i D'Alema, c'erano vecchi democristiani e vecchi comunisti.

Il gruppo di Visegrad si sta dimostrando un freno fortissimo all'Europa, quasi un corpo estraneo, molti analisti non si stupiscono di questo in quanto ricordano come la matrice sia quella del blocco di Varsavia. Hanno sbagliato loro ad accettare l'acquis communautaire, senza evidentemente esserne veramente convinti, o l'Europa ha avuto troppa fretta a volerli portare nella propria orbita?
Certo che si è avuta troppa fretta, è stata una sciagura. Paesi con molti problemi interni che non erano coerenti con i principi dei paesi fondatori della comunità europea. E' stata un'integrazione totalmente avventata, impreparata, decisa più che altro per motivi militari, sulla spinta della NATO. Bisognerà ripensare ad un Europa a due velocità è indubbio, sempre che l'Europa sopravviva alle prossime elezioni.

Siamo ancora in tempo ad evitare una deriva anti-europeista? E' il momento della finestra di Overton ove tutto diventa plausibile e possibile?

Tutto è pensabile, che l'Unione si disgreghi se vincono i sovranisti e populisti, è pensabile che si salvino e continuino con le politiche messe in atto finora il che sarebbe ancora peggio, è pensabile che finalmente qualcuno abbia capito la lezione e ci siano liste coordinate che si presentano con un progetto di nuova Europa. E' possibile tutto ed il contrario di tutto, siamo in una situazione dove tutto è pensabile ed ipotizzabile.

Come vede il futuro con la Lega che ha superato il M5S, un possibile ribaltone che porti un centro-destra al governo estromettendo il Movimento è possibile?
Penso che sia del tutto presumibile, le contraddizioni tra Lega e Movimento 5 Stelle sono macroscopiche, sia di cultura che di strategia e cultura sociale. Potrebbe benissimo accadere che ci sia un ribaltone dopo le europee, difficile prima, ma possibile dopo, dipenderà dal risultato delle europee. Salvini potrebbe avere ogni vantaggio ad andare ad elezioni anticipate con i M5S che arretreranno di sicuro e lui avanzerà. Come ho già detto, complicato prima, ma possibilissimo dopo. Tenderei ad escludere che questo governo, con tutte le contraddizioni che si porta dentro, possa durare fino alla fine della legislatura.

13 ottobre 2018

INTERVISTE TedX

****

Federico Pieri
MUN Roma – Afghanistan urban agriculture

Un giovane, di quelli di oggi che sono l'antitesi degli yuppies rampanti degli anni '90. **Federico Pieri** è uno studente della *LUISS Guido Carli* di Roma, scienze politiche-relazioni internazionali, la semplicità e l'umiltà sono la vasca dove naviga la sua intelligenza, da lui ci facciamo raccontare come è arrivato a partecipare alle MUN di Roma (simulazioni che organizza l'ONU), rappresentando un paese come l'Afghanistan, e arrivando con il loro progetto di un'agricoltura innovativa a vincere il contest con 90 voti a favore e solo 5 contrari.

Federico spesso si parla dell'ONU come di un ente inutile, qual è stata la tua esperienza?
Abbiamo partecipato a questa specie di gioco di ruolo, dove una commissione assegna ad ogni gruppo partecipante un paese, a noi è toccato l'Afghanistan con il compito di preparare un progetto di food security urban agriculture.

Cosa prevedeva questo progetto?

Fare uscire idee innovative che si traducessero in un documento che poi viene studiato dall'ONU, perché loro li ricevono tutti. Noi ad esempio qui facevamo la FAO ed abbiamo portato l'idea di un progetto di cooperative agricole in un paese come l'Afghanistan, dove non esiste un circuito intra-network tra agricoltori come qui da noi. L'obiettivo è combattere la fame nel mondo.

E avete vinto il premio, complimenti, questo si tradurrà in qualcosa di concreto?
La FAO riceve tutti questi progetti, poi studia quali sono realizzabili e quali no. Sicuramente servono a loro anche per trovare un feedback sulla loro attività, è vero che l'ONU impiega anni ed anni a concretizzare le idee. Noi possiamo anche metterci 5 giorni a sviluppare un'idea, ma poi i tempi burocratici sono immensi.

Da questa esperienza la vostra idea di giovani rispetto l'ONU quale è?
Credo che questo tipo di simulazioni diano la cifra di quello che i giovani si aspettano da queste organizzazioni internazionali. Chiediamo sicuramente più operatività, l'ONU esce da un contesto storico diverso da quello attuale e si sta spingendo molto anche per la riforma del Consiglio di Sicurezza dove adesso siedono membri con diritto di veto. E' necessario che il sistema si apra di più al mondo dei giovani ed alla multi-culturalità.

Futuro-Europa, la nostra testata, è ovviamente molto puntata verso l'Europa, cosa ne pensate voi?
Parlando di Europa abbiamo lo stesso problema, si pensa sempre più al piccolo del proprio paese senza tenere presente che in poche ore si può arrivare in America. In questo momento poi vediamo come le tensioni di questi giorni siano date dal rifiuto da parte di Cameron di effettuare i pagamenti extra e le critiche di Renzi a patti liberamente firmati. Noi siamo la generazione Erasmus, che viaggia e vive all'estero anche per mesi, ci aspettiamo che l'Europa cambi ed anche in fretta. Trovare un lavoro dopo la laurea è un problema europeo, non possiamo più pensare solo nei nostri confini, ma iniziare a delegare poteri all'Europa.

Su questa esperienza del TED cosa ne pensi?
E' stata una sorpresa, mi hanno contattato a febbraio in segreto, è una realtà molto diffusa all'estero, ma una novità in Italia. E' una cultura che andrebbe ancora più ampliata in Italia, si tratta di un format che apre la mente, un'esperienza pratica dove non si fanno solo parole, ma fatti, poi basta vedere il livello del pubblico di oggi.

Porta i nostri saluti alla LUISS allora.
Conosciamo la vostra testata e la seguiamo sempre, anzi organizziamo anche sessioni sul giornalismo e vediamo se riusciamo a rivederci.

2 novembre 2014

Paolo Di Cesare
Nativa: la prima azienda For Benefit

L'altro personaggio che abbiamo avuto il piacere di intervistare per la sua peculiarità, è l'imprenditore **Paolo Di Cesare**, co-fondatore di Nativa, la prima azienda For Benefit in Italia, tipologia di società che vuole coniugare la crescita dell'impresa con l'evoluzione della società apportando benessere e felicità.

For Benefit intende coniugare il reddito d'impresa con il portare benessere alla società, è possibile quindi riuscire in questo obiettivo soprattutto in un momento di crisi?
La crisi attuale è un paradigma economico, sono 5-6 anni che viviamo questa crisi che ha dimostrato come il modello classico delle imprese abbia fallito. Negli USA è oramai acclarato che il modello for profit, che per gli americani è una cosa sacra, è messo in discussione, non in quanto obiettivo, ma come "unico" obiettivo. Si può quindi pensare ad un modello di azienda che oltre allo scopo di creare profitto abbia anche un altro target? Quello di avere un impatto positivo sulle persone e sull'ambiente? E ci credono ora non solo le persone di questo movimento, ma gli stessi governi, negli Stati Uniti il for benefit è stato giuridicamente normato aggiungendolo alle tipologie già esistenti for profit e no profit. E ora anche il Canada sta operando in tal senso, sono già 27 i paesi dove questa forma d'impresa è codificata nel codice civile.

Guardando i nomi delle aziende For Benefit, notiamo come ci siano delle vere e proprie eccellenze?
A noi non piaceva molto il termine no profit, in quanto negazione, mentre ci è piaciuto molto for benefit che è qualcosa di positivo. Abbiamo aziende che si sono certificate for

benefit e uniscono qualità, modi innovativi di lavorare con i fornitori, scopi sociali come la rimozione dei detriti spaziali o la bio-edilizia, assieme al conseguimento degli utili. I sondaggi dicono che le persone si aspettano una responsabilità sociale non solo dai propri governi, ma anche dalle imprese.

L'esempio di Tesla che avete portato al talk del TED è illuminante.
Tesla ha reso open source i suo 130 brevetti esclusivi, ed invece di crollare in borsa ha avuto il giorno dopo un incremento di valore del 10% e del 30% ad oggi, è diventato un riferimento a livello mondiale nel settore. Non è detto che questo succeda sempre, ma si tratta di un'azienda che è nata da subito con modelli di sviluppo innovativo e per questo è stata premiata.

Parlando di Europa e della crisi che stiamo vivendo, il modello for benefit può contribuire allo sviluppo?
Io non so come andrà a finire, ma gli esperti prevedono che il 40% dei lavori attuali entro 5-6 anni non esisteranno più per via dell'evoluzione tecnologica. Pensa solo alle stampanti 3D, le ho viste funzionare a Milano ed in California, ed il gap con gli Stati Uniti è incredibilmente ridotto, e l'impatto ambientale di un manufatto realizzato in tale maniera è molto più sostenibile rispetto ad un processo ordinario.

Per finire come ti sei trovato al TED?
Un'esperienza veramente notevole ed interessante, un pubblico incredibile ed è stato molto emozionante tenere il mio talk. Aspetto di leggere il vostro articolo.

2 novembre 2014

Andrea Pauri
Il curatore del TedX Bologna

Si terrà domani all'Unipol Auditorium di Bologna l'evento annuale del TEDx, l'anno scorso lo seguimmo e fu un grande successo con un Teatro Duse completamente esaurito, abbiamo avuto l'occasione di intervistare **Andrea Pauri**, curatore ed organizzatore della manifestazione.

Se dovessi dire che cosa è il TEDx a chi non lo sa, cosa gli racconteresti?
Bella domanda, il TEDx è diventato un movimento globale, composto da tanti eventi a livello locale, dove persone appassionate di innovazione, di tecnologia, di design, ma soprattutto di buone idee, si organizzano per riuscire a realizzare questo evento. Tendenzialmente è sempre non profit, per avere un impatto nella comunità nella quale vivono.

In Italia è una best practice che sta diventando virale, i rapporti del TEDx Bologna con le altre realtà?
E' da sempre che c'è un grande feeling, tanti rapporti con gli altri TEDx delle altre città. Ci incontriamo annualmente per fare il punto della situazione e sviluppare nuovi progetti, più cresciamo più i rapporti diventano stretti.

Come vi rapportate tra il TEDx locale e la sede centrale?
Ogni evento TEDx è indipendente e parla direttamente con Ted.

Come avviene la scelta dei relatori? Si propongono loro o li cercate anche voi?
Avviene circa un anno prima dell'evento in relazione ai temi che si vogliono portare, si parte da un numero enorme di possibili relatori, la maggior parte valutati da noi e da alcune candidature che provengono da persone che vogliono parlare o da segnalazioni.

Una volta finita la manifestazione i rapporti con i relatori rimangono? Restate in contatto?

Con tutti i relatori rimaniamo in contatto, tanto che ad ogni evento invitiamo i relatori delle passate edizioni, credo che sia una bellissima esperienza da cui può nascere una conoscenza più approfondita o anche una amicizia con stima reciproca.

Quali novità proponete quest'anno?
La novità più importante è il deep web, abbiamo preparato un evento in questo senso, sarà una sorpresa e per scoprirla bisogna aspettare domani.

23 ottobre 2015

Gianni Tonelli (SAP):
poliziotti con la "penna-cam", trasparenza
e garanzia per tutti

Laureato in Giurisprudenza e Segretario generale del Sindacato Autonomo Polizia-SAP, Ispettore di Polizia, molto amato nell'ambito della comunità in divisa per la sua attività, è certamente uno dei protagonisti più apprezzati del comparto sicurezza italiano. Stiamo parlando di **Gianni Tonelli**, al quale abbiamo rivolto alcune domande sulla proposta di introdurre, concluso il periodo di sperimentazione, la videoregistrazione delle attività delle Forze di Polizia.

Lei ha esposto questa idea di videoregistrare le attività degli agenti.
La nostra idea è di registrare completamente l'attività delle forze di polizia, di certificare ogni respiro, in modo da renderla più trasparente e garantita anche per l'operatore. In Italia l'anomalia nasce dal fatto che è avvenuta in maniera avveniristica in concomitanza con gli Stati Uniti, ma la cosa curiosa è che nasca proprio dalle forze di polizia. In genere queste richieste nascono dalle persone che vengono a contatto con gli organi di sicurezza. In questo caso invece nasce da noi direttamente.

Quindi a garanzia anche degli operatori?
Appunto, il fatto che con le telecamere installate nelle celle di sicurezza crollino del 100% gli episodi di auto-lesionismo, che poi verrebbero scaricati ovviamente sugli operatori ingiustamente ed indebitamente, è significativo.

Anche per gli episodi in strada dunque?
Non stiamo più a discutere su cosa è successo, eventualmente si potrebbe fare una valutazione su eccessi o possibili miglioramenti, ma non su cosa è successo. Avremmo fatti

*oggettivi da valutare, su una verità e decidere sul processo, non discutere se quell'evento si
è sviluppato o meno.*

**Il dubbio che potrebbe venire è se l'operatore delle forze dell'ordine sa di essere filmato,
questo potrebbe influire sulle sue azioni?**
*E' chiaro che andrebbero adattate le norme, lasciando un margine di discrezionalità
nell'applicazione perché anche una banale infrazione non potrebbe essere tralasciata se il
buon senso lo richiedesse perché allo stato attuale si configurerebbe una omissione di atti
d'ufficio. Nel momento in cui la dinamica degli eventi è registrata si eviterebbe il dubbio che
la discrezionalità si "pelosa" o meno, nel senso che l'operatore potrebbe valutare
l'infrazione a seconda delle condizioni.*

Negli Stati Uniti è già in atto questa procedura registrata.
*Poter prevenire gli eventuali problemi registrando quello che accade, a prescindere da chi
ha ragione o torto, sarebbe molto importante.*

La proposta è nata da voi come SAP?
*Sì come SAP, dando questa penna-cam, che chiaramente non è uno strumento
professionale, ma ha la possibilità di video-registrare. Poi da questo profilo abbiamo
convinto il Dipartimento della P.S. del Ministero ad iniziare questa sperimentazione, la
prima fase per i reparti mobili è terminata e quindi tutti i reparti mobili nel servizio di
ordine pubblico ce l'avranno, l'appalto è già partito e li stanno acquistando. Poi partiranno
le sperimentazioni sulle volanti nel servizio di controllo del territorio, e poi la cosa che
vorremmo noi negli ambienti interni, è difficile negli uffici, ma almeno nelle celle di
sicurezza, in quegli uffici dove transitano persone che magari vengono accompagnate
perché hanno commesso un reato, per un controllo o perché sono sottoposte ad un fermo.
Il tutto per fare un passo in avanti verso i cittadini, e credo che questo abbia tagliato le
gambe al cosiddetto partito anti-polizia e degli allergici alle divise, perché di fronte a tale
disponibilità si sentono disarmati, ma tutti lavoriamo per il progresso e per i cittadini e non
c'è contrapposizione.*

30 ottobre 2015

Gabriele Gresta:
Hyperloop, già nel futuro?

E' esperto di media, tecnologia, finanza digitale, nel 1995 fonda Bibop, società di distribuzione di contenuti, nel 2003 Digital Magics, altra società fondata sui digital media, oggi lavora al progetto Hyperloop, il più avanzato sistema di trasporto mai concepito. Stiamo parlando di **Gabriele Gresta** che di tutto ciò ha parlato al TEDx Bologna 2015. Lo abbiamo intervistato.

Hai presentato un progetto rivoluzionario per il trasporto Hyperloop.
Semplice, i nostri trasporti non funzionano, è un problema globale. Ci si lamenta a Roma, Milano, Bologna, ma noi siamo dilettanti allo sbaraglio, ci sono città come Hong Kong, Giakart, Bejing, che sono al collasso con 17-20 milioni di abitanti e sono al tracollo con ingorghi che durano tre giorni. Noi pensiamo che questo deve finire, per cui abbiamo iniziato a lavorare ad un progetto rivoluzionario, complessissimo nella sua esecuzione, ma in realtà di una semplicità mostruosa. Immaginate una capsula con 28 persone che lievita all'interno di un tubo che viene evacuato dell'aria e portato a 60 pascal, portato al livello di rarefazione dell'aria pari a quella che trova un aereo mentre vola.

In pratica riproducete un aereo a livello del suolo?
Praticamente sì, raggiungiamo 1.223 kmh., quasi la velocità del suono, ma non solo, questo sistema è efficiente perché usa energie rinnovabili, e non sto parlando solo di solare, non usiamo una combinazione di varie tecnologie, solare, eolico, cinetica all'interno del tubo, freni rigenerativi tipo la Ferrari e la Tesla e nel caso in cui, come in Alaska la solare non è sufficiente, usiamo la geotermica. Questo ci permette di generare più energia di quella che ci serve, impatto devastante perché si ripaga in 7-8 anni poi non ha più costi di mantenimento al contrario dei sistemi ad alta velocità che sono finanziati dallo Stato.

Lo stato di avanzamento del progetto Hyperloop a che punto si trova?
Abbiamo finito lo studio di fattibilità ed ora iniziamo a costruire, la cosa fantastica è che c'è un costruttore che ci ha messo a disposizione un terreno su cui costruire. Si chiama Quay Valley, è a 1,5 ore a nord di Los Angeles sulla I5, l'autostrada che collega Los Angeles a San Francisco, ed è la città del XXI secolo, completamente sostenibile con 20.000 case, parchi a tema, stiamo negoziando con Lego. L'unica cosa che non faremo è andare alla massima velocità, ma polverizzeremo il record del treno giapponese.

Per realizzare il progetto ci sono stati vari step immagino, come i finanziamenti?
No, io sono un veterano delle start-up, ho fatto 68 start-up di cui 3 in borsa, arrivato in America pensavo di sapere tutto ed ho scoperto di non sapere niente, lì ho trovato questo mio business partner, il tedesco Dirk Ahlborn, un tedesco trapiantato in California che in italiano perfetto, parla 4 lingue come me, ha messo tutto sul suo sito di crowdsourcing, dove invece che denaro come un crowdfunding metti a disposizione ore lavoro e competenze. Sono andato a vedere ed ho trovato ingegneri aero-spaziali, della Nasa, di questo livello insomma. Abbiamo impostato un sistema rivoluzionario, un'azienda di 500 scienziati in 21 paesi ed io non ho un ufficio, 42 gruppi che lavorano in giro per il mondo, senza avere ancora tirato su un soldo, finora ho messo un poco di soldi io e qualche altro socio che avevo e Digital Magics, una società italiana quotata in borsa.

Hyperloop è sicuramente geniale, ma perché il pensiero di riprodurre un aereo a livello terra non è mai venuto a nessun altro?
In verità la prima idea è nata nel 1870 e si chiama Metropolitana di New York, lunga 1 miglio e presa da un'idea del 1823, allora c'erano problemi di costi e varie, se guardi le foto dell'epoca sono anche abbastanza buffe. Se guardiamo alla fine sono tutte cose già esistenti, un tubo, dei piloni, l'Hyperloop è lì.

La timeline futura?
Abbiamo un programma molto serrata, in poche settimane chiederemo i permessi per costruire alla Kings County, la contea dove stiamo costruendo le 5 miglia, poi abbiamo 32 mesi per finire il tracciato ed avere i primi passeggeri, quindi parliamo del 2019. Se sono qui al TEDx è per illustrare tutto quanto è fattibile ai nostri giovani e reclutare le migliori menti italiane, perché gli italiani hanno smesso di sognare.

2 novembre 2015

Paolo Ferri
La mobilità sostenibile

E' ingegnere meccanico, si occupa di progettazione di sistemi fotovoltaici, geotermici e di edifici a basso consumo; nel 2013 fonda Wecity, l'app che premia esempi di mobilità sostenibile in ambito urbano e prima piattaforma al mondo con una moneta virtuale basata sulla sostenibilità. Parliamo di **Paolo Ferri** che abbiamo intervistato in occasione del TEDx Bologna 2015.

Avete presentato una app rivoluzionaria per ridurre il livello di CO_2 nell'aria, di cosa si tratta?

Abbiamo presentato un progetto che prova a migliorare un poco quella che è la mobilità urbana, si tratta di una applicazione per smartphone, ad esempio a dare o trovare un passaggio, pedalare, camminare o usare mezzi pubblici, perché sono tutte attività che inquinano meno rispetto a prendere l'auto da soli.

D'accordo, ma queste sono comunque cose che già esistono, car poolin, bike sharing, la novità che voi proponete qual è?

La cosa nuova è che il risparmio di CO_2 non ce lo inventiamo noi, ma è validata ad un soggetto terzo che lo certifica, simile a quello che prendono le imprese che vogliono operare nel campo delle emission trading. Il protocollo di Kyoto lo limitava al business to business, dividendo i crediti tra imprese virtuose e meno.

E su questo avete fatto una app, per quale piattaforma?

Per Android e iOS, molto semplice, io scarico l'applicazione e salgo in bici, l'app capisce se io sono in bicicletta, a questo punto inizia a segnarmi dei punti in base alla CO_2 che ho risparmiato. Questa CO_2 diventa moneta che io posso usare tramite l'app per comprare beni o servizi presso i nostri partners tramite l'app, ovviamente si tratta di cose correlate alla mobilità sostenibile.

Le aziende che collaborano con voi quale ritorno hanno?
Principalmente di visibilità, chiaro si tratta di farli accedere ad un target di clienti inseriti nel loro business, attenti ai loro prodotti, in pratica si tratta di avere in cambio pubblicità che gli fanno gli utenti. Ad esempio abbiamo una ditta di Bologna, la 24Bottles, che fa borracce in metallo.

Al momento il progetto a che punto si trova?
Abbiamo avuto già più di 10.000 download e stiamo andando molto bene, contiamo di aumentare sempre di più.

6 novembre 2015

Simone Al Ani
La Manipolazione dell'Invisibile

Di origine italo-irachena – già da adolescente intuisce la sua vera natura, che lo porterà a scelte non convenzionali – **Simone Al Ani** lascerà il suo paese adottivo per divenire un artista di strada. Quaranta differenti paesi, culture diverse, esperienze in vari campi: dalla fotografia al cinema, dalla giocoleria all'illusionismo, fino ad arrivare alle arti mimiche e gestuali. Tutto questo lo condurrà nel 2015 a vincere "Italia's Got Talent" ammaliando i giudici con la sua performance "Manipolazione dell'Invisibile". Lo abbiamo intervistato in occasione del TedX Bologna 2016 in cui era in veste di special guest.

Ti definiscono artista di strada, cosa significa?
Artista di strada vuol dire regalare momenti di magia e felicità, almeno per me, per altri può voler dire momenti di divertimento o di emozioni intense.

Hai viaggiato per 40 paesi nel mondo.
Sì, gli ultimi sono stati Nuova Zelanda, Australia, Dubai, la Cina, il Cile, l'Argentina, Las Vegas dove sono stato come premio per avere vinto Italia's Got Talent.

Sei tornato in Italia per vincerlo?
No, veramente io ero via ed il casting di Italia's Got Talent mi ha notato e mi ha chiesto di venire qui, io nemmeno ci credevo, certo che se chiedi ad un artista se è bravo, dolce, poetico, ti dirà di no ed il giorno che ti dirà di sì vuol dire che è finito come artista.

La tua arte la chiami Manipolazione dell'Invisibile, cosa significa?

Manipolazione dell'invisibile, esatto, nome che ho scelto assieme a Patrizia Besantini dell'Accademia delle Arti Mimiche e Gestuali di Torino, che è stata co-ideatrice e regista degli spettacoli.

Sei autodidatta se non sbaglio.

Si, ho imparato direttamente in strada cercando di cogliere direttamente una perla in ogni strada del mondo, ed ogni paese ti dà un tipo di reazione diversa a seconda dell'impulso che trasmetti. Nel mio giro del mondo, l'obiettivo che mi ero posto, era di capire quali sono le chiavi delle cose che posso fare personalmente per riuscire a trasmettere delle emozioni positive, che siano universali per ogni paese.

In seguito è arrivata l'Accademia.

Ogni anno ho iniziato ad andarci sempre di più, Patrizia Besantini è stata vicina a me ogni secondo soprattutto quando è venuta fuori la possibilità di Italia's Got Talent.

Come fai a manipolare l'invisibile se è invisibile?

E' una idea che abbiamo avuto con Patrizia, è come se ci fossero fili invisibili che mi collegano agli oggetti.

Progetti futuri?

Andrò ad Arab's Got Talent, in Libano, a registrare, puntate che poi andranno in onda nei prossimi mesi, non farò il partecipante ma lo special guest.

Vuoi aggiungere qualcosa?

I miei ringraziamenti a Patrizia Besantini che è stata co-ideatrice e regista, lo spettacolo è il frutto del lavoro di due menti.

Per non scordare di essere qui al TedX.

E' stata una grande possibilità ed una grande emozione da vivere.

10 novembre 2016

Duccio Caccioni (CAAB)
Sostenere l'agricoltura anche per l'ambiente

Duccio Caccioni è agronomo ed esperto agroalimentare. Direttore Marketing&Qualità del Centro AgroAlimentare di Bologna (CAAB), Presidente della Borsa per i Prodotti Biologici della Camera di Commercio di Bologna, editor della rivista internazionale *Fresh Point Magazine*, componente del Consiglio di Amministrazione della ONG internazionale *Action Aid*. È un attivo pubblicista in Italia e all'estero, nonché autore di libri e documentari in tema agricolo ed agroalimentare. Ha svolto attività di docenza presso le Università di Bologna, Parma, Palermo, Oslo e Glasgow. In precedenza ha lavorato come ricercatore presso l'Università di Bologna e come agronomo in numerosi Paesi in via di sviluppo. Lo abbiamo intervistato in occasione del TedX 2016 di cui era uno degli speaker.

Nel suo intervento ha evidenziato alcuni fatti che hanno colto la platea di sorpresa, ad esempio risulta che le superfici coltivate in Italia sono calate negli ultimi anni.
Dai 20,9 milioni che erano nel 1950, siamo a 12,4 milioni di ettari, cioè la metà, il calo è quindi di 8,5 milioni di ettari pari alla superficie di Sicilia, Piemonte e Liguria messe assieme. E' un fenomeno grande e preoccupante, perché abbiamo da una parte il degrado e la cementificazione, 1,3 milioni di ettari, d'altro canto c'è anche un abbandono delle aree di montagna. Abbiamo in Italia due paesi diversi, uno abitato, ed uno praticamente inselvatichito, non solo disabitato, ma abbandonato.

Il che porta a delle criticità ambientali come vediamo in questi giorni.
Si pongono due diverse emergenze ambientali, da una parte un ripristino del paesaggio nelle zone più urbanizzate che sono state degradate negli ultimi, dall'altra una ricolonizzazione delle zone montuose che sono state abbandonate. Sappiamo dei dissesti

idro-geologici di questi anni, che costano tanto e che l'amministrazione pubblica non può affrontare da sola, senza l'aiuto di chi fa agricoltura e quindi gestisce il terreno.

Quindi se queste zone fossero abitate sarebbero mantenute come si deve evitando i dissesti, cioè mettere in atto azioni per cui le persone restino nei territori di montagna come vidi in Austria negli anni passati.
Sì, ma ad esempio anche in Trentino ci sono già politiche in questo senso, mantenere la collina e la montagna e risparmiare le tante vittime che abbiamo ogni anno per il dissesto geologico.

Colpiva molto anche il fatto che faceva vedere di come le grandi estensioni coltivate inneschino trombe d'aria che una volta erano sconosciute nella pianura padana.
L'agricoltura moderna, fortemente meccanizzata, vuole grandi campi, non vuole più ostacoli rappresentati da steccati, siepi, frutteti, il vento prende velocità e crea questi fenomeni che colpiscono le nostre zone.

Mi incuriosiva il fatto che all'aumentare della popolazione è calato il terreno coltivabile.
Sì, si sfruttano molto di più i terreni come produzione intensiva, ma anche dal punto di vista economico credo sarebbe bene tornare alla coltivazione vera e propria.

Da agronomo che opinione ha della coltivazione intensiva?
Io sono per la coltivazione di qualità, non mi interessa se sia intensiva o meno, è molto importante avere una agricoltura sostenibile e di qualità.

Negli ultimi anni di crisi l'agricoltura è stato l'unico settore con risultati economici positivi.
L'agricoltura è vero che ha tenuto in Italia, ma se andiamo a confrontarci con l'Europa vediamo che le cose non sono così brillanti come può sembrare dalle statistiche. Abbiamo necessità di sostenerla, non per l'agricoltura, ma per tutti noi.

Se per ipotesi fosse al governo e potesse decidere cosa fare, quali politiche metterebbe in atto?
Non è facile, bisogna lavorare per l'accesso ai terreni, anche per chi vuole iniziare a fare agricoltura da zero e non solo per chi è già presente.

17 novembre 2016

Alessandro Valera (Ashoka Italia)
Imprenditoria sociale per il cambiamento

Alessandro Valera è il Direttore di Ashoka Italia. E' italiano ma ama definirsi un cittadino del mondo, appassionato di movimenti sociali e internazionali. Dopo aver studiato in Italia, Canada e Regno Unito, si è specializzato in Politica e Comunicazione alla London School of Economics. Nel 2014 è stato scelto da Ashoka per far nascere Ashoka Italia che nel 2015 è partita a tutti gli effetti, con la selezione dei primi fellow e la creazione di una squadra di lavoro. Negli ultimi anni, Ashoka si è evoluta e Alessandro sta guidando questa trasformazione in Italia. Dalla più grande rete al mondo di imprenditori sociali Ashoka sta diventando un movimento per il cambiamento sociale che punta a coinvolgere non solo i più innovativi imprenditori sociali, ma ogni persona che vuole cambiare il mondo in qualsiasi ambito in qualsiasi angolo del pianeta. Lo abbiamo intervistato in occasione del TedX Bologna 2016 di cui era uno degli speaker.

Cosa si intende esattamente come imprenditoria sociale?
Sono direttore di Ashoka Italia, che è una grande rete globale per l'imprenditoria sociale, intesa come cambiamento sociale. Spesso quando si parla di imprenditoria sociale c'è un grande fraintendimento, quello che ho voluto comunicare oggi è proprio questo. Non si tratta di fare gli imprenditori e poi a latere fare qualcosa per la società, spesso si portano ad esempio i Ferrero e gli Olivetti, per noi sono imprenditori con un grande impatto, ma non sono imprenditori sociali dal nostro punto di vista. Gli imprenditori sociali per noi sono uomini e donne che, indipendentemente dal modello di business che scelgono, individuano le cause profonde di un problema sociale, e fanno causa della loro vita il risolverlo. Per questo noi selezioniamo le persone in base a creatività, spirito imprenditoriale ed etica. Perché in un mondo così rapidamente in espansione in continuo cambiamento, le soluzioni ad un problema sociale dovranno cambiare continuamente, le soluzioni che funzionano

oggi potrebbero non funzionare tra tre anni. Quindi gli imprenditori non devono rimanere attaccati ad un feticcio nella canalizzazione della loro energia, ma restare attaccati a questa idea, ed in caso di necessità essere aperti ad ogni eventualità, anche alleandosi con un'altra impresa od il governo.

Ha molto colpito la statistica che hai portato per cui il cambiamento si innesca in modo virale quando la percentuale delle persone arriva al 16%.
Esatto, nei comportamenti umani è stato notato una soglia circa del 16% in cui il comportamento della minoranza diventa il comportamento della maggioranza, come se fosse solamente necessario capire quali sono i trend positivi del momento e buttarsi avanti scardinando con un nuovo paradigma quello vecchio. Questo nella storia lo abbiamo visto varie volte con l'abolizione della schiavitù, il suffragio universale, la conquista dei diritti, ogni volta ci vuole molto meno, quando una volta ci volevano millenni, ora si arriva alla soglia necessaria anche in pochi anni.

Con un luogo comune si dice "siamo in pochi per cambiare le cose", invece avete dimostrato che basta iniziare ed arrivare alla soglia critica per innescare il cambiamento.
Esatto, sono quelli che vengono chiamati i changemaker, i portatori di cambiamento, la nostra organizzazione è passata quindi, dai primi 30 anni in cui si è occupata di imprenditori sociali, non solo ad essere leader nell'innovazione, ma anche dare una spinta forte in qualunque settore ci veniamo a trovare. Posso essere un insegnante e fare tanto quanto un imprenditore sociale se porto la mia classe, poi il mio distretto, e si cambia la scuola, così nelle carceri, negli ospedali, in qualunque ambiente sociale.

Ci puoi mostrare esempi pratici?
Quando si parla di innovazione si pensa alla tecnologia, ma ritengo ad esempio che il nostro approccio all'anti-mafia sia molto innovativo. Siamo gli unici ad avere capito che il modo di combatterla non è solo quello della polizia, ma quello di ogni cittadino, tutte le comunità come Libera, sono esempi innovativi che affrontano in modo sociale ed etico la mafia. Noi ne abbiamo scelti due, uno calabrese che è il Consorzio Sociale Goel, ed uno in Sicilia, Addiopizzo Travel, un'agenzia di viaggi che permette di visitare la Sicilia senza dare neanche un centesimo alla mafia, quindi diventando attori del cambiamento.

24 novembre 2016

Cristina Gabetti
Un mondo a due velocità

Radici americane, cresce a Torino, oggi è giornalista e scrittrice: è **Cristina Gabetti** che diventando madre si chiede che mondo lascerà ai suoi figli e si ritrova nella voragine tra ciò che sappiamo e come viviamo. Questo cambia la sua vita e il suo stile di vita. Sperimenta soluzioni sostenibili a 360 gradi e scrive il suo primo libro, *Tentativi di Eco Condotta*, dal quale nasce la rubrica "Occhio allo Spreco" a "Striscia la Notizia". Seguono altri tre libri, tra cui uno per la scuola. Oggi continua la sua ricerca di soluzioni sostenibili e a prova di futuro.

Cristina Gabetti, di cosa ci parlerà oggi?

Farò una domanda, che cosa è il progresso? Viviamo in un mondo che viaggia a due velocità, siamo testimoni di grandi prodezze, di innovazioni ed avanzamenti tecnologici, ma forse non si considera il proteggere il pianeta come un progresso. Dimentichiamo quanto siamo tutti interconnessi. Papa Francesco ha fatto un fantastico TED talk per ricordarci di anteporre le relazioni con gli altri e con la natura a quelle con le cose. Mi ha ispirata e mi ha incoraggiato a perseverare nella ricerca di un equilibrio tra mondi naturali e artificiali sempre più presenti nel nostro quotidiano. Nel mio TED racconto un viaggio in un luogo lontano, che mi ha suscitato interrogativi profondi su cosa sia il progresso. Una domanda che lascio aperta, offrendo squarci su quanto di positivo avviene nel mondo, che ha bisogno della nostra attenzione. Sono madre di 3 figli e faccio del mio meglio per lasciare loro un futuro di felicità possibile. Che passa sicuramente per lo sviluppo sostenibile. Ci sono grandi opportunità da cogliere, che esploro e condivido. Ad esempio, nella rubrica Occhio allo spreco, che ho tenuto per 5 anni a Striscia la notizia. Poi, le tecnologie esponenziali mi hanno portato a indagare la loro capacità di aiutarci a risolvere le grandi sfide che stiamo affrontando, ed è nato Occhio al futuro.

Quindi il focus del suo Ted sarà il progresso sostenibile?
Sì, ma dalla prospettiva del sentire, perché sappiamo già tutto. Mi sono trovata negli ultimi anni a esplorare l'empatia come acceleratore del cambiamento. E' quel meccanismo che ha favorito il big bang culturale 100.000 anni fa quando l'uomo inventò il fuoco e il linguaggio. Ora non abbiamo bisogno di un altro big bang culturale? Ci troviamo di fronte ad un divario enorme tra quello che sappiamo e quello che viviamo, e nel chiedermi che mondo lasceremo ai nostri figli, mi sono tuffata nella ricerca e nella sperimentazione di scelte a prova di futuro.

Hai fatto 5 anni a Striscia la Notizia.
Sono ancora a Striscia la notizia. Avventura nata nel 2008 con Occhio allo spreco, rubrica poi diventata Occhio al futuro.

Ti sei fatta molte domande, ma ti sei data anche delle risposte?
E' una dinamica incessante. Le domande mi portano a cercare ipotesi, ma evito le certezze perché limitano la mia capacità di continuare alla ricerca di nuovi equilibri. Tutto sta avvenendo molto velocemente.

Uso spesso la definizione di essere cittadini consapevoli.
Esatto, è un termine che ho usato tantissimo perché non amo la parola consumatori.

Se per chiudere dovessi mandare un messaggio ai lettori?
Essere affascinati dallo scoprire quanta intelligenza abbiamo attorno, i sistemi naturali sono straordinariamente intelligenti e noi ne facciamo parte. E di vivere l'esperienza dell'interconnessione. Ad esempio noi due respirando in questo momento, stiamo scambiando atomi di materia. Se la vediamo così è molto difficile sentirsi separati.

3 giugno 2017 @ TedX Bologna Salon Roots

Francesco Paolucci
Finanziare l'innovazione

Chimico dell'Università di Bologna, è coinvolto nel progetto per il quale ha realizzato una delle prime "foglie artificiali" a basso costo al mondo. Stiamo parlando di **Francesco Paolucci** che al TedX di Bologna ha parlato dei segreti di questa nuova scoperta e di quali rivoluzioni ci aspettano grazie all'introduzione di questa innovazione.

Francesco Paolucci, ho letto con curiosità di questa nuova foglia.

Innanzitutto voglio dire di essere molto felice di essere qui al TedX e desidero ringraziare Andrea Pauri che mi ha dato la possibilità di illustrare questa ricerca che il mio gruppo all'Università di Bologna – Dipartimento di chimica Ciamician, con tanti altri in Italia, conduciamo da anni. Al Ciamician se ne discute da tempo, ed ora questa ricerca, che è stata silente per una ventina di anni, è ripartita in quarta. Perché sono state scoperte in vari studi mondiali, nuove classi di molecole che fanno avvenire i processi che avvengono naturalmente nelle foglie. Queste catturano in natura l'energia solare e la trasformano in molecole come il glucosio ed altri componenti che servono alle piante, ed a noi, per vivere. Queste molecole sono state sintetizzate da diversi gruppi, soprattutto in Italia, ed è quindi un'occasione per fa vedere il valore della ricerca italiana in un panorama che coinvolge tutto il mondo Stati Uniti compresi.

Il che dimostra che anche in Italia abbiamo delle eccellenze.

La classe politica ha avuto, qualche anno fa, la lungimiranza di finanziare alcuni grandi progetti, e noi abbiamo avuto la fortuna di riceverli. Questo ci ha permesso di creare un cluster di gruppi di ricerca italiani che hanno portato avanti questo progetto. I finanziamenti ora si sono interrotti, e non se ne vede nessuno all'orizzonte. Il messaggio alla classe politica è quello di finanziare i progetti perché le possibilità ci sono.

Ma per capire in termini semplici, studiate i processi di fotosintesi?
*No, questi sono studi che sono stati condotti da altri gruppi, noi prendiamo atto dei
processi che avvengono nelle foglie e cerchiamo di riprodurli in ambiente artificiale. Ci sono
meccanismi che consentono alle piante di trasformare l'energia solare in energia chimica,
noi cerchiamo di riportarli in modo artificiale.*

Le vostre foglie artificiali sono quindi simili a quelle in natura?
*No, le nostre foglie si chiamano così per rendere l'idea, ma non hanno nessuna somiglianza
con quelle delle piante in realtà. Sono foglie nel senso che svolgono l'attività della foglia
conducendo gli stessi processi che permettono di trasformare l'energia del Sole in
combustibile. Le piante usano molecole stabili e disponibili su tutta la superficie terrestre,
cioè l'anidride carbonica e l'acqua, con l'energia del sole producono quello che gli serve per
vivere ed alla fine del tutto riproducono le stesse molecole da cui erano partite, un classico
esempio di economia circolare. Noi dobbiamo partire da questo per arrivare a produrre
energia pulita che alla fine della produzione non abbiano scarti.*

A che punto siamo con gli effetti pratici?
*Siamo ancora a livello embrionale, molto alla base, esistono dei prototipi da laboratorio
dove produciamo esempi pratici. Stessi studi avvengono a Stanford ed al MIT. Anche io
vorrei associarmi alla collega Pinardi per sollecitare la politica a riattivare i canali di
finanziamento che ora sono stati interrotti.*

8 giugno 2017 @ TedX Bologna Salon Roots

Maria Silvia Pazzi
Trasformare rifiuti in bellezza

È un'imprenditrice e madre di 4 figli; fin dal 2008 **Maria Silvia Pazzi** si occupa di economia circolare ed è fondatrice e CEO di Regenesi, azienda che realizza accessori moda e design sostenibili di alta gamma realizzati con materiali di riciclo post-consumo. "Trasformiamo rifiuti in bellezza perché non c'è antitesi fra funzionalità, eco-compatibilità e bellezza. Pensiamo che dalla società dei consumi e dallo spreco possa nascere qualcosa di bello ed utile".

È l'unica imprenditrice in un'assise di accademici, come ci si trova?
Molto bene direi, perché in realtà il nostro progetto imprenditoriale si basa sull'innovazione, e quindi per crescere ha bisogno di un terreno fertile come la ricerca e la scienza.

In effetti anche nelle altre interviste realizzate qui al TedX di Bologna ho puntato sul lato pratico ed economico della ricerca scientifica.
La scienza deve portare benessere e progresso, altrimenti rimarrebbe puro esercizio accademico.

La sua azienda, Regenesi, si occupa di riciclo e moda, quindi riutilizzate gli scarti se ho compreso bene.
Esatto, noi realizziamo nuovi accessori ed oggetti di moda utilizzando esclusivamente materiali rigenerati. Questo è molto importante sottolinearlo perché si basa sulla trasformazione e non sul riuso, e questo è perfettamente in linea con le politiche di economia circolare generando quindi nuove politiche di business.

Possiamo dire che quindi il tutto inizia con la raccolta differenziata?
*Noi partiamo preferibilmente con materiale post-consumo, quindi diciamo una lattina
piuttosto che pet, quindi materiale proveniente da raccolta differenziata che ha la
possibilità di essere trasformato. Questo per noi è molto importante perché anche in
termini di comunicazione vuol dire far capire al cittadino la logica sottostante la raccolta
differenziata e la sua importanza.*

**Questo è sicuramente molto importante, spesso si scopre come il cittadino faccia la
raccolta differenziata, e poi successivamente tutto viene vanificato da una gestione non
appropriata.**
*Il malcostume è sempre possibile, ma non può essere una giustificazione per non fare tutti i
giorni gesti di responsabilità ambientale. È fondamentale ragionare non solo in termini di 'il
pianeta ha bisogno di noi', ma che la green economy sta creando opportunità e mercato
che può portare benefici a tutti.*

Obama già dieci anni fa metteva in evidenza i vantaggi della green economy.
*Sì, purtroppo ultimamente gli Stati Uniti si sono, come dire, un poco ricreduti, ma auspico
che già nel prossimo G7 Ambiente si possa riattivare il processo.*

La sua esperienza come impresa è quindi positiva.
*Noi abbiamo cominciato 10 anni fa, nel 2008 dire "trasformo i rifiuti in bellezza" appariva
quantomeno utopistico, ma abbiamo portato avanti il nostro sogno. Abbiamo stretto
contatti e collegamenti e questo sta portando ad una accelerazione di tutto il processo.*

Se uno volesse vedere e toccare con mano quanto realizzato?
*Sul nostro sito di Regenesi.com dove è possibile trovare un blog sull'economia circolare ed
uno shop-online.*

16 giugno 2017 @ TedX Bologna Salon Roots

Nadia Pinardi (UniBo)
Il futuro nell'energia del mare

Docente all'Università di Bologna, il suo campo di studio è la dinamica e la previsione delle correnti marine e l'accoppiamento di base tra le variabili fisiche e quelle biogeochimiche nel tentativo di costruire una nuova conoscenza interdisciplinare del mare e della sua variabilità, ha scritto più di un centinaio di articoli su riviste internazionali in vari settori dell'oceanografia fisica e interdisciplinare. Stiamo parlando di **Nadia Pinardi** alla quale l'Università di Liegi ha da poco conferito la Laurea Honoris Causa.

Professoressa, una oceanografa sul palco del TedX, ci descriva la sua attività innanzitutto.
L'oceanografia è una scienza difficile da spiegare e anche da pronunciare, mi occupo di oceanografia da tanto tempo, sono un fisico che ha applicato le conoscenze fisiche e matematiche allo studio del moto del mare. In tutte le sue forme, da quelle climatiche a quelle di tutti i giorni; il mare è una componente fondamentale della nostra vita, un regolare climatico importantissimo per la vita umana sulla Terra.

Esiste anche una vista economica riguardo la produzione di energia elettrica se non erro.
Assolutamente sì, i nostri studi puntano anche all'applicazione pratica con la produzione di energia elettrica proveniente dal moto del mare. Oramai abbiamo dati molto precisi sul movimento delle correnti e sulla temperatura dell'acqua, che ci consentono di fare previsioni particolarmente accurate. Ci sono già strutture commerciale che convertono l'energia del mare in elettricità, nel mare del Nord sono all'avanguardia, anche nel Mediterraneo abbiamo 3-4 installazioni che sfruttano l'energia del mare ed il vento, perché sul mare il vento soffia più forte.

Se si può realizzare una scienza che unisca la tutela ambientale alla convenienza economica, probabilmente sarebbe più alta la soglia di attenzione della politica e quindi della protezione ambientale.

Non c'è dubbio, l'oceanografia studia l'ambiente naturale per rispondere a domande pratiche, il moto, la salinità, tutto per arrivare ad un'applicazione. In passato il primo a studiare l'oceano fu un bolognese, il conte Ferdinando Marsili, il quale ne ha misurato le proprietà ed era spinto a questo per arrivare alla pratica. E' sempre stato così d'altronde, i grandi navigatori erano spinti ad esplorare per scoprire nuovi materiali, nuovi cibi, in altri continenti e portarli in patria. Il mare è sempre stato studiato per ragioni pratiche, è sicuramente molto perché è enorme, ha un movimento molto lento, un poco come l'atmosfera. E per fare buone previsioni bisogna avere misure affidabili, stiamo cercando di avere applicazioni che possano promuovere uno sviluppo sostenibile.

E' un punto di vista che va oltre l'ambiente fine a sé stesso.

Se un giorno l'uomo userà l'energia del mare, sfrutterà meno le fonti inquinanti aumentando la qualità della vita.

Che mezzi usate per misurare? Sono già normalmente in attività?

Essenzialmente abbiamo bisogno di 2-3 cose, satelliti, sonde sul fondo del mare e modelli matematici. Quando 20 anni fa cominciammo a pensare di fare le previsioni del mare, che nessuno pensava fosse possibile, abbiamo iniziato a mettere in atto tutti questi componenti. Qui a Bologna abbiamo uno dei centri di calcolo più importanti d'Europa, il Cineca. Tutti questi mezzi ci danno la possibilità di vedere il mare dalla superficie fino al fondo.

Questi temi saranno anche oggetto del G7 Ambiente?

Noi speriamo che il G7 ci dia il supporto politico per continuare nel monitoraggio del mare con mezzi sempre più capaci per dare le risposte che ci servono. Quindi connessioni tra i paesi, protocolli di trasmissione dati comuni, quindi che il G7 riconosca che è stato fatto molto, ma si può fare molto di più. Ci serve anche che l'industria si interfacci sempre di più con i nostri prodotti in modo da fare continui progressi nella materia. Vorrei dire ai giovani che questo è un campo bellissimo, molta parte della nostra economia futura sarà sul mare e quindi vengano ad unirsi al nostro gruppo.

22 giugno 2017 @ TedX Bologna Salon Roots

Andrea Benedetti
Technical Evangelism Director di Microsoft Italia

Già Responsabile del team Business Intelligence della divisione servizi professionali di Microsoft Western Europe, **Andrea Benedetti** è oggi il Technical Evangelism Director di Microsoft Italia. Aggiungere al contesto reale contenuti, informazioni e valore sotto forma di ologrammi è lo scopo di HoloLens, il primo computer olografico al mondo, una tecnologia che permette di creare un connubio perfetto tra i due mondi: digitale e reale.

L'HoloLens che avete presentato sul palco di TedX Bologna è visto spesso, nel sentire comune, come una estensione dei videogiochi, invece ci sono tante applicazioni pratiche. *Ti faccio un esempio, la settimana scorsa abbiamo fatto una attività con Save The Children in cui abbiamo creato un percorso esperienziale dove i partecipanti vivevano, con l'Hololens in testa, un percorso sensoriale che li trasportava nella camera di una bambina. Vedevi la realtà del luogo, gli spari nella città, il topo che ti attraversava sui piedi, in questo modo puoi arricchire e capire la realtà senza doveri andare di persona. Oggi l'unico limite che hai è la tua fantasia, puoi visualizzare un'automobile, o Hubble, o qualunque altra idea ti venga in mente. Potresti aver bisogno di chiamare un elettricista e non sapere più dove sono i cavi, con gli Hololens potresti mappare tutto il tuo impianto.*

Mi ha colpito il titolo di 'Evangelista Tecnologico' che l'identifica. *Evangelismo, soprattutto in Italia, lo associamo ai quattro Evangelisti. In realtà la parola viene dal greco e significa 'chi ti racconta cose belle'. Quindi per Microsoft la nostra è la divisione che ti racconta la tecnologia, ti fa vedere cosa c'è sul mercato e poi si dialoga. Come oggi si tratta di un'attività divertentissima.*

Esiste il pericolo che alieni ancora più le persone dalla realtà? Non vai più in vacanza perché vedi i luoghi dal divano, o non esci più con gli amici perché vi trovate come ologrammi.

Provo a girarti la metafora, è come se tu costruissi una piscina a casa tua e non andassi più al mare. Non è detto. La piscina non ti darà mai la sensazione del mare, la realtà virtuale potrà farti vedere la spiaggia di Maui, ma andarci, sentire il Sole, la sabbia sotto i piedi, è un'altra cosa.

Potrebbe essere a maggior ragione pericoloso per gli Zers?

Magari potrebbe essere un acceleratore, come oggi ho fatto vedere il David di Michelangelo, questo li potrebbe incuriosire e spingerli ad andare a scoprire la realtà virtuale dal vero.

Prossimi sviluppi che prevedete di questa tecnologia?

Il dispositivo è sul mercato da un anno e mezzo, finora potevi usare solo la voce ed il gesture, il movimento delle mani per interagire, ora abbiamo rilasciato 2 joystick che ti danno molte più possibilità, ad esempio i click.

Dopo l'HoloLens cosa ci possiamo aspettare?

Stiamo andando nella direzione della mixed reality, con l'ultimo aggiornamento di Windows 10 potrai usare dispositivi poco costosi ed usare il pc di casa come un Hololens.

9 novembre 2017

Sara Roversi
Food, digital e creative learning

Bolognese e imprenditrice "seriale", appassionata di food, digital e creative learning: **Sara Roversi** ha fondato nel 2004 "You can group", un ecosistema imprenditoriale che alimenta nuove imprese ad alto tasso innovativo. Ha fondato, inoltre, il "Trust Future Food Institute", con lo scopo di lasciare alle future generazioni un mondo migliore e più sano.

Imprenditrice seriale con il gusto dell'innovazione, vogliamo spiegare e definire meglio in cosa consiste il suo lavoro?

Il Food Innovator è quello che all'interno delle organizzazioni, delle istituzioni, anche di una cucina, è in grado di dialogare tra il cibo della tradizione e le sfide del futuro. Mangiare meglio, inquinare meno, quindi impattare su questa filiera con le nuove tecnologie applicate all'agricoltura ed alla cucina. Il food innovator fa appunto questo, fare dialogare questi due attori.

Quindi non fate food nel senso stretto del termine, ma innovazione.

Il nostro progetto Future Food della nostra azienda è di educare una nuova generazione di agricoltori, imprenditori, manager, attivisti e pensatori che potranno impattare in futuro nella loro comunità.

Non solo produttori agricoli diretti, ma anche le attrezzature ed i macchinari?

Certo, noi pensiamo alla filiera completa, dall'agricoltura alla tavola. In mezzo ci sono i sistemi di refrigerazione, la conservazione, il trasporto, la trasformazione, la distribuzione, ma anche come lo vendo il prodotto, come lo comunico, lo analizzo. Il problema della food safety, soprattutto nei paesi emergenti, è un problema dilagante, come faccio a sapere se una mozzarella è buona o mi avvelena? La produzione di proteine è altamente inquinante, dovremo vedere come ridurre questa componente ad esempio.

C'è un grosso discorso sui trattati in questi anni, questo incide sul vostro lavoro?
*Non direttamente perché noi lavoriamo soprattutto a livello locale, è sicuramente
strettamente correlata. Noi ci occupiamo di politiche di distribuzione e redistribuzione del
food, piuttosto che di altre tipologie.*

**TTIP e simili trattati standardizzano anche le normative, la differenza tra un paese e
l'altro sono un problema?**
*Sì, ad esempio l'accesso al mercato cinese è un enorme problema. Abbiamo prodotti di
altissima qualità che non possono entrare in Cina, quindi ci sono trattati e lavori diplomatici
che durano anni. Per riuscire ad esportare agrumi in quel paese, ci siamo riusciti da poco
dopo 15 anni di lavori. Abbiamo partecipato al G7 Agricoltura coinvolgendo tantissimi
attori del mercato, soprattutto per contaminare la manifestazione per poi calarsi
nell'effetto di chi deve fare la spesa tutti i giorni.*

Il discorso del biologico sta crescendo tanto.
*Verissimo, la gente vuole prodotti sani, sfusi per risparmiare sul packaging, sta evolvendo
la coscienza collettiva con una raccolta differenziata casa per casa in grande crescita.*

Andate anche nelle scuole?
*Facciamo tanta attività di laboratorio nelle scuole con dei Kids Labs, si possono insegnare
tante materie dalla storia alla geografia. Abbiamo anche una Young Talent Academy per i
ragazzi delle superiori, quindi tecnici agrari, alberghieri, licei, tutti i tipi di scuola.*

17 novembre 2017

Andrea Accomazzo
Progettare missioni interplanetarie

È ingegnere capo della Divisione Missioni Interplanetarie nel Dipartimento Operazioni dell'ESA (Agenzia Spaziale Europea). In questo ruolo ha iniziato il suo viaggio alla ricerca dei misteri delle comete. La missione "Rosetta", che vede protagonista **Andrea Accomazzo**, nasce quasi come un'impresa inimmaginabile, ma venti anni dopo, la sonda in viaggio per miliardi di chilometri, riesce a raggiungere uno di questi misteriosi corpi celesti.

Mi ha colpito molto il discorso al TedX Bologna sulle tempistiche delle missioni spaziali, 10 anni per la sonda, 20 per preparare la missione, c'è il rischio di non vedere il successo di quello cui si sta lavorando.
Se si guarda il singolo individuo può essere, ma i grandi traguardi sono stati raggiunti spesso dopo una generazione. E' anche un messaggio per la nostra società, vogliamo tutto subito, immediatamente sul cellulare, per le cose grandi ci vuole tempo a farle, e risorse.

Una delle critiche che vengono portate a questo tipo di attività, è che si spendono tanti soldi, ma senza poi ricadute pratiche.
L'aspetto di cui mi occupo io è scientifico, quindi per soddisfare la nostra curiosità. Ma se noi fermassimo la curiosità dell'uomo non avremmo progresso, ci fermeremmo. Poi le missioni spaziali portano anche benefici pratici, basti pensare alle telecomunicazioni, alla navigazione satellitare, fa tutto parte della nostra quotidianità, anche se non ce ne rendiamo conto. Le previsioni meteo avvengono tramite i satelliti, l'agricoltura dipende tanto da questo.

La sede dell'ESA dove si trova?

La sede amministrativa è a Parigi, quella tecnica-ingegneristica in Olanda, in Germania dove lavoro io quella di controllo dei satelliti che volano, in Italia abbiamo il centro dati osservazioni della Terra, in Spagna quello osservazioni scientifiche, in Germania centro addestramento astronauti.

In un momento in cui si vedono tante divisioni, è un bel segno questa distribuzione europea.
Assolutamente sì, l'ESA per statuto e per volontà degli Stati membri attua distribuzione sugli Stati europei. Secondo me è un ottimo esempio di come gli europei possano lavorare assieme ed in armonia.

Progetti prossimi dell'ESA?
Ci stiamo occupando dell'esplorazione del sistema solare, siamo andati su Marte e Venere, stiamo andando su Mercurio e ci stiamo preparando per Giove. Abbiamo lo stesso entusiasmo dei pionieri e vorremmo mandare un rover su Marte per vedere cosa c'è nel sottosuolo.

Il problema dello spazio attorno alla terra ingombro di rottami è reale?
Contiamo oltre 10.000 oggetti volanti di immondizia spaziale, dobbiamo fare manovre particolari per evitare collisioni, ed è un problema che prendiamo molto sul serio.

21 novembre 2017

Loredana Bessone (ESA)
Addestrare astronauti e non solo

In occasione del TedX Bologna, abbiamo avuto la possibilità di intervistare la dott.ssa **Loredana Bessone** di ESA (Agenzia Spaziale Europea), definita "insegnante di astronauti", che si occupa di preparare esploratori di ambienti estremi. Dal 1990 lavora al Centro europeo astronauti, e negli anni ha sviluppato, condotto e diretto corsi di sopravvivenza, di geologia planetaria, di esplorazione speleologica e per passeggiate spaziali per astronauti, cosmonauti e taikonauti, e per la formazione di equipaggi di personale per basi antartiche. Dopo aver diretto gli studi di preparazione a missioni umane su Marte del progetto ESA Aurora all'inizio del nuovo millennio, si è dedicata a sviluppare corsi in ambienti analoghi terrestri e a sfruttare le analogie e le difficoltà imposte dall'esplorazione di ambienti estremi per formare esploratori spaziali. Crateri d'impatto, tubi di lava, ambienti carsici, ghiacci antartici, habitat sottomarini, deserti vulcanici, miniere di sale sono ambienti alieni la cui esplorazione richiede l'uso di tecnologie e tecniche operative che compensino e superino le limitazioni che l'adattamento al micro-sistema terrestre ha imposto all' evoluzione umana.

Dott.ssa Bessone, lei all'ESA si occupa di addestrare gli astronauti nel progetto CAVES; come si svolge la sua attività?

Sì, mi occupo di preparare astronauti, ma non solo, ho addestrato anche personale antartico. In generale mi occupo di preparare le persone a lavorare in gruppo in ambienti estremi. CAVES è uno dei progetti in cui sono impegnata, l'altro è PANGEA; con il primo lavoriamo in grotta, con il secondo addestriamo ingegneri spaziali ed astronauti alla geologia planetaria. Sono quindi progetti diversi, ma tutti associati all'esplorazione. Al TedX mi sono concentrata sul come un ambiente estremo richieda l'uso di tecnologie particolari, altrimenti ci rende disabili. Non sono l'unica a preparare astronauti a lavorare in ambienti estremi ovviamente, la NASA fa dei corsi appositi, come NEEMO anche i russi, sono in tanti ad essersi orientati in questa direzione negli ultimi anni in preparazione a missioni di lunga durata. Quando ti trovi in ambienti estremi ed ostili è fondamentale riuscire ad essere preparati e lavorare in maniera sicuro ed efficiente.

La preparazione avviene in ambienti particolari ed usando attrezzature ad hoc?
Ci portiamo in ambienti estremi per l'addestramento perché questi favoriscono la modulazione dello stress, in generale cerchiamo locazioni simili agli ambienti planetari, qui si riescono a soddisfare le esigenze di gestione dello stress, ma anche verificare le difficoltà che vi si incontrano. L'idea è che l'ambiente favorisce l'addestramento, poi usiamo le attrezzature necessarie, a seconda se ci troviamo in grotta piuttosto che in superficie ad esempio. Collaboriamo anche con ditte che lavorano con tecnologie utili ad esplorare ambienti estremi, che hanno quindi le necessarie capacità tecnologiche, ma magari non sanno come muoversi in quell'ambiente, e necessitano di collaborare con esploratori esperti. Noi mettiamo insieme i due estremi.

Nell'immaginario collettivo e nella filmologia spaziale si vedono astronauti allenarsi in macchinari che riproducono l'assenza di gravità, le cose stanno veramente così o nella realtà sono diverse?
Si creano condizioni di micro-gravità, ma per condizioni di tempo limitate, ad esempio in piscina si usa il principio di Archimede per spingere su lo scafandro, magari aggiungendogli dei galleggianti che lo rendono più leggero. Questo è quello che si fa per l'allestimento alle attività extra-veicolari, poi ci sono i voli parabolici che permettono di ricreare situazioni di micro-gravità o gravità ridotte lunari o marziane per periodi di tempo molto limitati, nel picco della parabola. Nell'arco di salita della parabola si arriva ad avere anche il doppio della gravità terrestre.

In questi giorni è uscito First Man sul primo uomo che allunò, Neil Armstrong, allora l'addestramento durò 7 anni, quale è la situazione oggi?
L'addestramento tipico di una missione ISS per un addestramento non ancora esperto dura due anni e mezzo circa, prima di questo viene preparato con altri due anni di addestramento di base. Parliamo quindi di un minimo di quattro anni e mezzo prima di essere qualificati per assegnamento a un volo, poi ci sono periodi di tempo di addestramento specializzato, in sintesi non ci spostiamo molto dai sette anni di Armstrong. Questo per l'ISS che ben conosciamo, se si pensa di prepararsi a nuove missioni planetarie, ci sarà molto da imparare.

Le maggiori difficoltà che trova un astronauta nel percorso formativo?
Innanzitutto sarebbe una domanda da fare ad un astronauta, l'addestratore vede solo una parte della vita professionale di un astronauta. A mio avviso una delle difficoltà maggiori è la vita famigliare e sociale. Se si pensa che gli astronauti vengono scelti come persone molto capaci e curiose, non è l'aspetto fisico il più impegnativo, e neppure quello cognitivo,

ma la vita famigliare, in quanto per i due anni e mezzo precedenti la missione ci si muove tra Europa, Russia e Stati Uniti. Terminata la missione dopo la fase di riabilitazione tutti vogliono i soggetti in convegni e riunioni, quindi la gestione del tempo libero, o anche solo trovarlo, diventa la maggiore difficoltà...

La selezione degli aspiranti come avviene?

Non è un aspetto di cui mi occupo personalmente. Posso dire che ci sono criteri simili o comuni ma processi diversi in Stati Uniti, Europa e Russia. Nel nostro caso bisogna prima convincere i governi ed i ministri che finanziano i voli umani europei, che sia necessario il reclutamento di nuovi astronauti. Ad oggi abbiamo sette astronauti attivi, Paolo Nespoli ha appena terminato la sua attività. La stazione spaziale internazionale è una sola, per cui gli accordi di ESA con i partners prevede un volo ogni due anni. Al momento l'Europa sta ottenendo un volo all'anno, anche sfruttando le contribuzioni italiane che hanno creato opportunità di volo per i nostri compatrioti. Nuove opportunità come collaborazioni con la Cina o nuovi accordi internazionali per missioni sulla Luna offriranno nuove opportunità che richiederanno nuove selezioni. Una nuova selezione è quindi annunciata pubblicamente su siti ufficiali, gli aspiranti devono essere in buono stato fisico, avere almeno una laurea o dottorato in materie tecnico-scientifiche e parlare correntemente l'inglese. Essendo molte le persone che soddisfano questi requisiti, nei successivi passi di selezione si considerano altri fattori importanti, come la conoscenza approfondita del Russo (in futuro probabilmente anche del Cinese), una seconda laurea o un dottorato in un campo rilevante, oppure esperienze operative, ma anche la pratica subacquea o l'essere piloti.

Preparare un astronauta per una missione sulla stazione spaziale o per un allunaggio sono due percorsi diversi?

Sì, al momento ci si addestra sui veicoli utilizzati per arrivare sulla stazione spaziale internazionale, quelli che andranno sulla Luna saranno veicoli diversi. Sulla Luna si faranno ad esempio attività di geologia che non si fanno sulla stazione spaziale, per attività diverse ci vogliono percorsi addestrativi diversi.

Ci rimane la curiosità di vedere nei films gli astronauti che si cibano con le classiche pastiglie colorate, ma la realtà è proprio questa?

I cibi che si consumano sulla stazione spaziale sono principalmente russi ed americani, si tratta di prodotti pre-confezionati, liofilizzati piuttosto che termo-stabilizzati, quindi durano molto a lungo. Negli ultimi anni Europa e Giappone hanno iniziato a preparare del cibo chiamato 'Bonus', preparato da chef appositi. In genere viene condiviso anche con gli altri membri dell'equipaggio, Pare che i cibi preparati da Europa e Giappone siano molto apprezzati. Si tratta comunque di cibi pre-confezionati, ma preparati comunque come cibo gourmet. Nel 2012 con la missione di Luca Parmitano, fu portata della caponata, della parmigiana di melanzane, del tiramisu, cibo fantastico che pareva appena uscito dal forno. Per quanto pre-confezionato era semplicemente fantastico.

Ma lei è andata nello spazio?

No, altrimenti sarei un'astronauta e non una istruttrice. Come dicevo al TedX una delle difficoltà di noi istruttori è che non possiamo provare quali siano le difficoltà di vivere nello spazio. Dobbiamo ricreare gli ambienti spaziali in analoghi terrestri. La mia esperienza mi ha insegnato che la normalità è definita dall' adattamento all' ambiente. In ambienti estremi ognuno di noi è disabile. La tecnologia ci aiuta a trasformare la disabilità in superpoteri. Ci sono persone sulla terra che a causa delle loro disabilità hanno imparato a vivere in un ambiente per loro estremo. Sono astronauti sulla terra, la tecnologia li trasforma in superuomini.

Quando venne Luca Parmitano al TedX, una delle cose che ci colpì maggiormente fu il suo pensiero che dallo spazio non si vedono i confini.

Un pensiero molto bello, in effetti nel nostro lavoro si impara a lavorare con persone molto diverse, e questa diversità è una cosa che mi piace tantissimo. Abbiamo molti studenti che vengono da noi anche solo per sei mesi, e tutti ci dicono che sarà molto difficile per loro tornare a casa dopo essersi abituati a lavorare in un ambiente così internazionale e stimolante.

11 novembre 2018

Emanuele Buratti (ICGEB)
Genomica, quale futuro?

In occasione del TedX Bologna 2018, abbiamo avuto modo di intervistare **Emanuele Buratti**. Nato a Torino, dopo un periodo in Inghilterra si trasferisce a Trieste nel 1984 per frequentare l'Università degli Studi e laurearsi in Scienze Biologiche. Dopo aver conseguito un Dottorato in Biochimica ha acquisito una posizione come Staff Research Scientist presso il Centro Internazionale di Ingegneria Genetica di Padriciano (ICGEB) dove ha lavorato in diversi progetti di ricerca inerenti il ruolo dei processi di maturazione dell'RNA in numerose malattie genetiche, quali la Fibrosi Cistica, la Neurofibromatosi, ed ultimamente la Malattia di Pompe. Negli ultimi anni, la sua attività di ricerca si è orientata in particolare allo studio dei meccanismi molecolari in malattie neurodegenerative quali la Sclerosi Laterale Amiotrofica e le Demenze Frontotemporali. Emanuele Buratti è attualmente il Capogruppo del laboratorio di Patologia Molecolare presso questo istituto.

Genetica, quali sono le possibilità ed i pericoli insiti in questa tecnologia?
Come per tutte le tecnologie innovative, l'ingegneria genetica presenta grandi vantaggi, ma anche qualche pericolo. Nel corso degli anni i vantaggi sono stati innumerevoli ed hanno interessato moltissimi campi applicativi: dalla manipolazione di microorganismi per la produzione di molecole farmaceutiche alla cura di malattie genetiche umane tramite lo sviluppo di protocolli di terapia genica. A queste applicazioni bisogna inoltre aggiungere l'utilizzo dell'ingegneria genetica per la produzione di piante transgeniche che hanno contribuito a migliorare la resa dei raccolti in condizioni sfavorevoli (es. periodi di siccità o di temperature sfavorevoli) e alla diminuzione nell'utilizzo dei pesticidi tradizionali. Infine, specialmente di questi tempi di maggiore sensibilità ambientale, l'ingegneria genetica ha permesso di creare organismi capaci di ridurre il livello di inquinamento rendendoli in grado, ad esempio, di nutrirsi di plastiche o componenti del petrolio. Rispetto a tutti questi vantaggi, per adesso i pericoli derivati da un cattivo utilizzo di queste tecniche sono stati abbastanza limitati. Purtroppo, non è però neanche difficile immaginare come le stesse tecniche usate per migliorare organismi e curare malattie possano essere usate per la

creazione di organismi ottimizzati per la "guerra batteriologica" o per creare "super soldati" incapaci di provare paura o pietà. Questo non dovrebbe stupire nessuno. In fin dei conti, come tutte le scoperte umane dall'invenzione della ruota all'energia atomica anche l'ingegneria genetica potrà essere usata sia per fare il bene ma anche il male. Proprio per questo sarà la responsabilità di tutti quello di contribuire a sviluppare strategie per evitare che i cattivi utilizzi possano prevalere su quelli vantaggiosi.

Clonazioni, manipolazioni genetiche, come si conciliano tecnologia ed umanesimo? Un ipotetico futuro in cui si possa scegliere ad esempio il tipo di figlio da generare, implica che ci vogliano norme e protocolli ben definiti?

Diverse norme e protocolli già esistono che cercano appunto di regolarizzare questo genere di tecnologie. Ad esempio, la clonazione umana è espressamente vietata in moltissimi paesi e qualunque sperimentazione di terapia genica su umani, anche a fin di bene, deve prima essere sottoposta non solo al vaglio di un comitato scientifico ma anche da una commissione etica. Questo vuol dire che tecnologia e umanesimo non devono necessariamente combattersi. Idealmente, dovrebbero anzi procedere in stretto contatto in maniera da rafforzarsi a vicenda. A questo proposito è importante menzionare che moltissimi scienziati che si occupano di ingegneria genetica abbiano spesso sentito l'esigenza di confrontarsi con gli umanisti proprio nel tentativo di conciliare le due esigenze.

Quanto è consapevole l'opinione pubblica che la genetica viene già usata a fin di bene per guarire dalle malattie?

Purtroppo, in questi tempi le persone tendono a formarsi un'opinione basandosi sul "fai da te" tramite Internet. Questo comporta due pericoli opposti e per certi versi complementari. Da un lato, c'è la tendenza di vedere queste tecnologie come un tentativo da parte di forze oscure per manipolare l'ambiente o la stessa essenza umana. Dall'altro, esiste anche un entusiasmo eccessivo e quindi una richiesta di utilizzare queste tecniche per scopi che si potrebbero definire futili o addirittura impropri. Per questa ragione, le persone farebbero bene a formarsi un'opinione leggendo i tanti libri che sono stati pubblicati sull'argomento, sia da giornalisti scientifici, scienziati, e filosofi. Anche la televisione scientifica fatta da professionisti del mezzo (che per fortuna non mancano in Italia) potrebbe aiutare nel contribuire a formare un'opinione pubblica consapevole di quello che accade nel campo delle manipolazioni genetiche e quindi in grado di valutare il più correttamente possibile sia i vantaggi che i possibili pericoli.

Fra i suoi studi c'è una malattia di cui si fa un gran parlare, soprattutto perché pare colpire in maniera particolare gli sportivi, la SLA. C'è davvero qualche attinenza tra l'essere sportivi professionisti ed una maggiore esposizione alla SLA? La ricerca genomica sta ottenendo risultati in tal senso ed a che punto si trova?

L'associazione fra l'essere sportivi professionisti e la SLA è un argomento che è stato dibattuto a lungo nella comunità scientifica. Fino a pochi anni fa, le evidenze non erano molto forti soprattutto perché la SLA è una malattia relativamente rara (in Italia, ad esempio, ha un'incidenza di circa 1-3 casi per 100.000 abitanti l'anno) mentre la platea degli sportivi professionisti è troppo ridotta numericamente da poter stabilire una forte associazione statistica. Detto questo, bisogna dire che recenti studi svolti in ambito internazionale hanno confermato un maggiore rischio di SLA per gli individui che si sottopongono a ritmi elevatissimi di allenamento sportivo di tipo professionistico. Le ragioni molecolari che lo spiegherebbero sono tuttora ignote e quindi bisogna sempre prendere queste associazioni con un minimo di cautela (soprattutto perché una corretta attività motoria ha indubbi benefici sul nostro corpo e la nostra mente a qualunque età). Per adesso, una possibile spiegazione potrebbe risiedere facendo analogie con una macchina utilitaria e una fuoriserie. Nel caso della fuoriserie la continua necessità di un'elevata "performance" significa per forza una maggiore usura e complessità del motore, che non sussisterebbe invece per la macchina utilitaria progettata per percorrere un elevato numero di chilometri anche a scapito delle prestazioni. La ricerca genomica in questo senso ci ha già aiutato tantissimo a stabilire quali sono i geni il cui funzionamento alterato può portare allo sviluppo della SLA. Questo deve però essere considerato solo il punto d'inizio di questa ricerca e non certo il suo arrivo. Ad esempio, come questi geni possano essere anche influenzati dall'ambiente o da altri stimoli, fra cui possiamo anche includere sforzi fisici intensi e prolungati nel tempo, è una delle tante cose che ancora richiederà numerose ricerche.

Lei è coinvolto anche nell'attività della Fondazione Telethon, si occupa di qualche progetto specifico?

La Fondazione Telethon ha svolto un ruolo essenziale nell'aiutarmi a sviluppare delle terapie alternative per un particolare tipo di malattia rara che si chiama Glicogenosi di Tipo 2 (o malattia di Pompe). Questa malattia è caratterizzata da un accumulo di una molecola chiamata glicogeno nei muscoli dei pazienti che ne compromette il normale funzionamento e si presenta con un'insorgenza in fase infantile e una in fase adulta. In particolare, la maggioranza delle persone che sviluppa la forma adulta è portatrice di una particolare mutazione che previene la corretta espressione del gene che nei nostri muscoli metabolizza il glicogeno. Assieme alla Dott.ssa Andrea Dardis dell'Ospedale di Udine abbiamo quindi usato delle metodologie innovative per poter "bypassare" l'effetto di questa mutazione e quindi ripristinare la corretta funzionalità del gene. Al momento le nostre ricerche si stanno concentrando su come poter applicare queste nuove metodologie ai pazienti. Per questo genere di ricerche il supporto economico e scientifico di associazioni come Telethon è assolutamente indispensabile. La ragione è che in passato le grandi compagnie farmaceutiche non sono mai state molto propense a elargire finanziamenti per studiare le malattie rare (anche se bisogna dire che da qualche anno a questa parte si deve riscontrare un loro sempre maggiore interesse anche da questo punto di vista).

11 dicembre 2018

Selene Pulcini
Falconeria, un mondo da scoprire

Durante la sessione TedX Bologna Women – Perspective abbiamo avuto il piacere di intervistare **Selene Pulcini**. Nata a Terni, cittadina dell'Umbria in mezzo alle montagne, dopo aver studiato lingue straniere senza sentirsi appagata dal cammino che stava intraprendendo, ha deciso di cambiare strada e fare un salto in una direzione insolita. Ha seguito il suo istinto selvatico e ha contattato un falconiere e ha iniziato a cimentarsi nella falconeria. Quando ha iniziato ad assistere anche a scene di caccia col falco con aquile e falconi ha capito cosa davvero significa collaborare con un falco, sentirsi in volo insieme a lui anche se i piedi restano a terra. Questi animali, concepiti perfettamente dalla natura stessa per fare del volo una strategia di sopravvivenza sopraffine al punto da diventare modelli per l'ingegneria umana, hanno suscitato in Selene un fascino irrefrenabile e da allora non potrebbe vivere senza di loro e senza volare.

Durante il talk ci hai raccontato di come la falconeria sia sempre stata praticata dalle donne, ma nell'immaginario comune pare essere più uno sport maschile, soprattutto considerando la sua origine medioevale quando le donne erano ancora più sottomesse rispetto ad oggi.

Sì, ma la falconeria era un'attività che era praticata normalmente dalle donne anche nel medioevo, piuttosto altre arti, quali la pittura e la scultura, erano generalmente precluse alle donne. La falconeria era assolutamente permessa alle donne, il possesso dei rapaci nel medioevo non era vietato, solo c'erano delle tipologie di rapaci più adatte al Re, al Principe o alle Dame. Però era comunque permessa la caccia con il falco, pensa che Maria di Borgogna morì a causa di una caduta da cavallo durante una caccia con il falcone.

Oggi la falconeria è ancora vista come caccia?
In tutto il mondo la falconeria è considerata attività venatoria, io ad esempio ho sia la licenza di caccia che il porto d'armi.

Vuoi dire che il falco è considerato un'arma?
Esatto, è considerato un'arma, quindi è necessario il porto d'armi, ma ovviamente si può benissimo fare solo del volo libero. Io faccio dimostrazioni di volo oltre che di caccia. La mia vita è totalmente orientata verso i falchi.

Durante lo speak hai parlato anche di come sia un'attività legata anche alla ripopolazione.
Non io di persona, ma spesso i falconieri collaborano con allevatori ed enti per la ripopolazione, come nel caso del falco pellegrino. Questo perché i falconieri conoscono le dinamiche di caccia dei rapaci, pertanto nella reintroduzione in natura dei selvatici, sono di aiuto per insegnargli a cacciare da soli e quindi a sopravvivere.

Dicevi che i falchi ed i rapaci in genere non sono animali adatti alla pet therapy, ma viceversa noi cosa possiamo imparare da questi splendidi animali?
Forse a stare al di sopra dei problemi, quando un rapace è in volo e non vuole essere disturbato da altri animali, tende a salire sempre più in alto e guardare il mondo da lassù.

Altra cosa che ci ha colpito è che il falco non torna automaticamente sul braccio del falconiere come eravamo abituati a pensare.
No per niente, chiaramente gli animali che usiamo nelle dimostrazioni ci conoscono e si fidano ciecamente di noi, ma prima di far volare un animale davanti al pubblico si fa un grande lavoro di costruzione di un rapporto di fiducia con il falco. Lui torna da me proprio per questa fiducia che si instaura.

Se uno volesse avvicinarsi a questo mondo o anche solo vedere una dimostrazione di volo, come deve fare?
Personalmente io lavoro con Falconeria Freddy di cui si trova il sito, ci sono numeri e recapiti per ogni informazione. Da aprile ad ottobre noi siamo in giro per tutta l'Italia ed è facile trovarci nelle rievocazioni medioevali.

25 dicembre 2018 @ TedX Bologna Women Perspective

INTERVISTE Social – Media - Cultura

****

Valeria Moschet:
Google+, alla scoperta di un mix

In occasione di uno degli imperdibili Tolk Tolk della Dora Carapellese presso il Java Caffè di Bologna, abbiamo avuto il piacere di conoscere **Valeria Moschet**. Esperta in Social Media Marketing, dopo una consolidata esperienza retail e commerciale nei settori abbigliamento e accessori, è ora un'affermata esperta del settore ed in questa occasione abbiamo avuto modo di porle una serie di domande riguardo al mondo Google+.

Google+ sembra un oggetto un po' misterioso.

Sembra che sia poco usato, certamente lo è meno di Facebook, ma a livello di utilizzo come social network ci siamo. In Italia siamo 52 milioni, 26 di questi sono su Facebook e di questi il 70% sono mensilmente attivi, il che vuol dire che chi ha un profilo Facebook lo usa. Google+ in Italia ha circa 12 milioni gli utenti registrati e 3.8 utenti attivi mensilmente., quindi parliamo di circa un decimo rispetto a Facebook, ma sono i numeri degli altri social. E' vero che quando ti iscrivi ad un qualunque servizio di Google, automaticamente ti ritrovi iscritto a Google+, per cui si vede che gli attivi sono poi 1,2 milioni. Certo il numero è inferiore ai 20 milioni attivi di Facebook, ma in linea con gli altri social, per dire Twitter ne ha 2,5 milioni di iscritti.

L'impressione è che Facebook sia molto più user friendly, mentre Google+ abbia uno skill maggiormente professionale.

Il mi piace è diventato di uso comune, cosa che non è il +1 di Google+. Direi che la differenza è data dal fatto che Facebook è diventato di uso comune, tutti conoscono le sue schermate ad esempio, non è tanto un più o meno facile, ma il fatto che uno sia più conosciuto dell'altro.

Pare che uno dei problemi di Google+ sia che non si è ancora esattamente capito a cosa possa servire e come usarlo per averne un beneficio. Ad esempio Twitter sembra essere venuto molto in voga con l'avvento del premier Renzi.

Su Twitter credo ci sia una confusione fenomenale, i social sono percepiti con l'idea che uno debba dire cosa sta facendo. Ogni social ha il suo ecosistema dove tu ti rapporti, quando lo hai capito sai come comportarti. Google+ è un mix tra Facebook e Twitter, dove si possono condividere cose interessanti, ma anche di vita privata. L'attività maggiore su Google+ è la condivisione di foto per dire.

La timeline di Google+ è forse meno intuitiva rispetto a quella di Facebook.

Non c'è l'algoritmo profondo che troviamo in Facebook per cui se tu hai avuto maggiore interazione con una persona quei contenuti sono messi in maggiore evidenza, l'ordine è più cronologico e soprattutto viene posto in evidenza quello che al momento è hot, il trend del momento. Google+ è più cronologico e neutro in questo, non c'è ancora una forma di sponsorizzazione come su Facebook, perlomeno non ancora.

Le cerchie corrispondono ai gruppi di Facebook?

No, le cerchie corrispondono alle liste, mentre i gruppi di Facebook sono su Google+ le community. Le cerchie sono la suddivisione di persone in base al motivo per cui tu hai il contatto. E' una tua suddivisione, mentre la community o gruppo è la scelta della persona di mettersi in un particolare argomento.

Su Google+ è molto premiata la creazione di contenuti, è giusto? Pare che invece su Facebook ci si limiti, più o meno, a condividere.

Questo è un discorso che attiene particolarmente Google+ per le aziende, dal momento che crei un contenuto vieni molto premiato. Non sono d'accordo che su Facebook si condivida solamente, è che si tratta di un ambiente dove l'azione "condividi" viene facile, in tutti gli articoli e simili il bottone Condividi su Facebook si trova, mentre quello di Google+ non sempre, anche se adesso comincia a diffondersi.

La condivisione di contenuti su Google+ è diversa da quella di Facebook?

Dal momento che inserisci contenuti su Facebook ci sono molti fattori ed algoritmi che influiscono sul fattore di visibilità, mentre su Google+ se l'oggetto è buono e diventa virale, facilmente diventa visibile ad una platea molto ampia. Una foto interessante su Google+ può arrivare a 300 contatti mentre la stessa su Facebook a 30, limitata ai tuoi contatti diciamo.

Qual è lo skill di età relativo a Google+?

Contrariamente a quello che si pensa la fascia di età su Google+ è più giovane rispetto a quella di Facebook, esattamente 25-34, la seconda fascia utilizzatori è 34-45, rispetto a Facebook che è 35-45. I giovanissimi non sono nemmeno su queste piattaforme, sono su piattaforme diverse da questi social, vanno su Snapchat e Wechat piuttosto che Whatsapp, preferiscono gli instant messengers. Le statistiche sui social infatti includono anche questi luoghi virtuali in quanto il marketing delle aziende deve tenere conto che i giovanissimi sono su queste piattaforme.

Oggi un'azienda deve essere presente sui social?
Deve starci assolutamente, le aziende devono avere una pagina Facebook e quelle che hanno un luogo fisico sicuramente anche su Google+, il 70% delle aziende che hanno un brand importante ci sono, il 2014 ha dato una svolta definitiva per il marketing su Google+.

Il ruolo di una Specialist Media Marketing come te quale è in questo ambito?
E' importante guidarle nel capire lo strumento che dovrebbe essere una parte dello strumento di promozione, quindi sapere cosa fare.

E' vero che per voi Specialists risulta più agevole avere a che fare con aziende che hanno un referente interno piuttosto che uno esterno in outsourcing.
Questo è sicuramente vero, di solito io imposto il lavoro poi lo passo a qualcuno all'interno dell'azienda in quanto queste attività hanno bisogno di una quotidianità che difficilmente può trovarsi con un referente esterno. In seconda battuta se un referente è interno questi ha la cultura aziendale, prima si lavorava in modalità push, comprami questo prodotto. Noi abbiamo l'approccio di promuovere, ma senza vendere, accompagniamo il processo di vendita, se questo sentire non è parte della cultura aziendale il tutto diventa più difficile.

In rapporto all'Europa come si pone Google+?
Quello che mi stupisce sempre guardando i dati è che in Italia la penetrazione di internet è molto bassa rispetto all'Europa, in Italia siamo al 38% contro una media UE del 68%. Però i dati cambiano totalmente sui social, contro una media del 40% noi siamo al 42%, il che vuol dire che pur avendo poco internet lo usiamo molto per i social. Anche la misurazione del tempo passato sui social è molto più alta in Italia che in Europa, io addebito tale situazione al fatto che siamo un popolo da bar, da chiacchiera, quindi su questi luoghi facili ci troviamo molto bene. Il che porta che anche su un social come Google+ siamo al terzo posto in Europa, contrariamente a quello che si potrebbe pensare.

L'importanza dei social in Italia mi fa pensare che questo porti ad essere ancora più importante essere presenti, per le aziende, sui social nel nostro paese vista la profonda penetrazione di questi strumenti.
Rimango sempre molto stupita dalla poca sensibilità di molti, soprattutto PMI, al fatto di essere presenti sul web e sui social, molte non hanno nemmeno un sito o una pagina Facebook.

Ci sono dei Fondi Europei su questo tema?
Certamente, ci sono fondi per la formazione e la digitalizzazione, inoltre per il 2015 è stato emesso un bando con cui vengo dati € 10.000 per il settore hotel e simili, non solo per implementare il wi-fi ad esempio, ma anche per la formazione nel web marketing. E' notizia recentissima che per il 2016 Google investirà 25 milioni di euro per la formazione nelle PMI europee.

In confronto agli Stati Uniti l'Europa come si pone?
Lì Google+ è utilizzato in maniera massiccia, addirittura è al secondo posto e le aziende lo usano come canale fondamentale per la propria promozione e attività, anche gli utenti sono abituati ad usare questo canale nel rapporto con le aziende. Ma lì c'è un approccio totalmente diverso verso i consumatori, mentre noi abbiamo sempre teso a tenere a distanza il consumatore, lì ha un concetto di customer service totalmente diverso. Se scrivi alla Coca-Cola per dire, sicuramente ti rispondono. D'altronde anche il rapporto dei politici con gli elettori negli Stati Uniti è completamente diverso, mentre qui si fa sempre tribuna politica, lì si tanto ascolto. D'altronde lo scopo del social media marketing è fare ascolto, se apri un sito o una pagina devi anche rispondere.

9 marzo 2015

Elisabetta Zanarini:
Worklife balance, benefici a portata di mano

E' una delle sole quattro Coach & Senior Consultant certificate ICF in Emilia-Romagna al suo livello, si occupa di Coaching individuale per dirigenti e direttori generali di aziende locali, multinazionali, pubbliche, in Emilia Romagna e Veneto vanta circa quaranta i progetti già conclusi. Parliamo di **Elisabetta Zanarini**, specializzata nell'ambito del Coordinamento e management di progetti regionali e internazionali sui temi delle Pari, Progetto Tempo ai tempi per la conciliazione dei tempi di vita e di lavoro e della Responsabilità Sociale d'Impresa . L'abbiamo intervistata proprio in merito al Worklife balance.

Worklife balance, bilanciamento tra vita e lavoro.
E' un tema dove ad esempio nella nostra regione siamo partiti già nei primi anni del 2000 con un'altra etichetta, quella delle pari opportunità. Qui abbiamo raggiunto già prima dei termini previsti dal Trattato di Lisbona il livello di occupazione femminile del 60% . Quindi ci siamo trovati prima di altri a confronto con realtà che ad esempio vedono famiglie ove entrambi i genitori lavorano con i conseguenti problemi di orari e servizi erogati dalle aziende. L'aumento del tasso di occupazione femminile si è scontrata con una rigidità sistemica che non è presente, per dire, nei paesi nordici.

Questo cambiamento nella società nel rapporto tra vita e lavoro come è stato affrontato?
Con la mia struttura, che all'epoca si chiamava Cofimp, ma in stretta collaborazione con la Regione Emilia-Romagna, abbiamo realizzato due progetti europei tra il 2002 e il 2003. Volevamo capire i problemi generati da questi cambiamenti e comprendere le esigenze

portate, in Italia abbiamo avuto un calo demografico costante fino al 2000, poi dopo ha ricominciato a crescere. Quindi in quegli anni avere più personale femminile voleva dire incrociare problemi come il rientro delle donne al termine del periodo di assenza per maternità e i problemi di orari da conciliare. Nel 2006 un funzionario della Provincia di Bologna mi fece notare che l'unico atto pubblico che era possibile ottenere di giovedì pomeriggio era la licenza di pesca.

Quindi questi progetti decollarono?
Mettemmo in cantiere il progetto IQDonna, che dava una certificazione volontaria alle aziende che garantivano parità di genere e di opportunità alle donne dall'assunzione in poi, questo marchio non è poi mai decollato. Nel nostro business plan si studiò ad esempio attività per i figli dei dipendenti nel periodo estivo, l'offerta pubblica e privata dieci anni fa non era vasta come ora, ipotizzammo quindi di utilizzare spazi aziendali, altresì affittare luoghi già esistenti e adatti, per organizzare attività ricreative per i figli dei dipendenti, aprendoli poi anche al territorio.

Si parla molto anche di asili aziendali.
Anche questo fu un tema di studio, a metà degli anni 2000 divenne un tema, per un'azienda di Rimini facemmo uno studio di fattibilità sul come mettere assieme varie aziende per creare un asilo aziendale, cose già esistenti nei paesi del nord-Europa. Ma il tema del worklife balance si presta a molteplici forme, in un'azienda del gruppo Telecom con il 95% di personale femminile impiegato con le più diverse forme di part-time, il tutto si tradusse banalmente nell'acquisto di due frigoriferi in maniera che le persone potessero fare la spesa online, farsela consegnare in ufficio, e all'uscita dal lavoro poter andare a casa senza il pensiero di dover fare la spesa.

Quindi non sono necessari grandi investimenti per attuare il worklife balance?
Un'azienda di Ferrara, prima del massiccio arrivo del home-banking, ma parliamo del 2009, mise a disposizione dei dipendenti la propria impiegata che si recava in posta per l'azienda, per il pagamento di bollettini postali e simili. Altra idea a costo zero, è stata la creazione di convenzioni con i gommisti, nelle aree industriali, l'artigiano prevede prezzi agevolati in ragione dell'incremento del lavoro e si reca presso l'azienda ritirando l'auto del dipendente e riportandola con le gomme cambiate, ora che dobbiamo fare il cambio obbligatorio estate-inverno è ancora più pregnante.

In quali altri ambiti si può operare in materia di Worklife balance? Mi aveva parlato di esperienze in Germania ad esempio.
Ecco, lì abbiamo l'esempio della BMW, ove si è operato in merito all'invecchiamento della forza lavoro ad esempio abbassando le luci e disponendole in modo diverso, da noi sono tipicamente in alto, le luci sono importanti quando ad un certo punto devi girare con due paia di occhiali. Poi hanno variato il menù della mensa, perché con l'avanzare dell'età

possono sorgere problemi di colesterolo e simili, hanno variato i tempi delle pause in relazione alle diverse esigenze fisiologiche e di attenzione. A Treviso un'azienda li ha anche chiamati a portare questa testimonianza. Poi si è visto come uno dei fattori più forti di assenza per malattia sia dato da dolori alla schiena, quindi si è operato sulla conformazione delle postazioni di lavoro, ma anche cambiando i materiali dei pavimenti.

Una delle caratteristiche identificative del Worklife balance, come d'altronde della Corporate Social Responsibility che ho recentemente affrontato, è che si tratta di adempimenti volontari.

Al di là degli obblighi di legge certo, queste sono tutte le attività che le aziende implementano volontariamente, consideriamo poi che se una persona ha un posto di lavoro più confacente, anche la sua vita esterna ne trarrà vantaggio. Adesso abbiamo poi il fenomeno del telelavoro, o Smart-working, dove le persone possono scegliere per alcuni giorni al mese un'altra sede di lavoro. Un pendolare potrebbe avere la possibilità di lavorare in un ufficio di co-working, quindi affittato dall'azienda, senza doversi spostare di città. In alcune banche questo Smart-working è già una realtà.

Mi pare di vedere molti punti di contatto tra il Worklife balance e la CSR.

Sicuramente sì, ma agiscono da punti di ingresso differenti, la CSR parte da un punto di visto collettivo, mentre il WLB si attiva dal punto di vista delle persone, da una griglia anagrafica in a diverse età corrispondono diverse esigenze. L'altra griglia da cui si osserva sono invece le diverse fasi della vita, ad esempio la paternità, abbiamo molti padri di 50 anni, da qui ne può discendere l'assenza per maternità da parte del padre, cosa consueta nel nord-Europa, non ancora qui.

Una grande azienda ha sicuramente più possibilità?

Una piccola azienda non può certo fare un proprio asilo aziendale, ma le imprese si possono consorziare. E' capitato che nel comune di Castelmaggiore improvvisamente la scuola media abbia deciso di non fare più il tempo pomeridiano, questo ha creato problemi di dove mettere i ragazzi all'uscita dalla scuola. Abbiamo quindi studiato come ideare una soluzione collettiva per evitare che ogni famiglia dovesse procurarsi una baby-sitter. Poi abbiamo fatto un questionario e studiato i tragitti casa e lavoro per ottimizzarli, questo anche per invogliare il car-sharing. E qui il comune si è impegnato veramente molto a fare da catalizzatore.

Il Worklife balance porta benefici anche alle aziende che l'applicano quindi?

Sicuramente è un modo per abbassare l'assenteismo ad esempio, pensi che la scuola ci vuole sempre più presenti, ma questo comporta un impiego di ore. Aziende lungimiranti hanno messo a disposizione di chi aveva queste esigenze delle ore in più evitando di avere assenteismo e nel contempo avendo personale più contento e motivato, e quindi produttivo. La flessibilità degli orari è un grosso benefit per gli occupati. Forme di scrivania virtuale e video-conferenza evitano stress di spostamenti per i dipendenti e risparmi in costi di missione ed ore perse per le aziende.

22 marzo 2015

Maria Chiara Prodi: tra Parigi e Bologna

E' coordinatrice artistica del Théâtre national de l'Opera Comique a Parigi. Ha lavorato per il direttore d'orchestra Myung-Whun Chung, nel team artistico del Festival International d'Art Lyrique d'Aix-en-Provence e alla Direzione della Musica di Radio France. Giornalista pubblicista, diplomata in pianoforte, laureata in Scienze della Comunicazione, ha conseguito un master in Management dello spettacolo dal vivo presso il Teatro alla Scala e l'Università Bocconi e ha vinto il premio Paolo Grassi per la tesi in organizzazione dello spettacolo. E' membro della Consulta degli Emiliano Romagnoli nel mondo, antenna dell'associazione Libera a Parigi e tra gli animatori del portale che riunisce 50 associazioni franco-italiane, finanziato come progetto pilota dalla regione Ile-de-France. A Bologna ha frequentato il liceo Galvani, il conservatorio G.B.Martini ed è stata attiva in ambito associazionistico specialmente al Centro Poggeschi. Ha fondato Exbo "perché siamo pronti per esprimere partecipazione e cittadinanza anche da lontano, e i tempi sono maturi perché questo sia possibile, efficace e utile". Stiamo parlando di **Maria Chiara Prodi**, Bolognese quasi di nascita, classe 1978, alla quale abbiamo rivolto alcune domande.

Lavora all'Opera Comique, che non è la più conosciuta Opera, ma sempre un teatro molto noto a Parigi.

L'Opera Comique è una istituzione e un genere, mescola il parlato e il cantato assieme, è la risposta francese all'Opera Buffa italiana. Quest'anno festeggiamo i 300 anni perché nel 1715 abbiamo ricevuto il privilège, cioè la bolla regale che permetteva di fare spettacoli. E' stato una evoluzione del Teatro delle Fiere, quindi su palchi improvvisati nelle fiere, il genere era un misto di Commedia dell'Arte italiana ed altre compagnie che facevano parodie delle Opere serie dell'epoca, a volte anche in maniera turbolenta. Oggi è molto conosciuta per essere stata il luogo di creazione, alla fine del '800, della Carmen di Bizet, che pur avendo un finale tragico si chiama comique perché mescola cantato e parlato. Il New Yorker ci ha definito la migliore "second scene" del mondo. Ora ricopro il ruolo di Vice-Direttrice alla Produzione, in pratica coordino la parte artistica in particolare rivolta alle stagioni venture.

Come è arrivata a lavorare all'estero?
Ho fatto l'Erasmus a Parigi, dopo il Conservatorio mi sono laureata a Bologna, poi un master alla Bocconi di Milano in collaborazione con la Scala.

La scelta di lavorare fuori dall'Italia?
Credo che siano ancora troppo pochi quelli che vanno a fare l'Erasmus, io lo farei obbligatorio come era una volta la naja. E' una forma per avvicinarsi al mondo durante gli studi e farlo in un contesto protetto con professori e referenti. A Parigi vinsi una borsa di studio Leonardo per fare 5 mesi di stage presso Radio France che ha una sezione musicale e dopo sono rimasta lì.

E poi ha creato Exbo, un punto di riferimento per i bolognesi che lavorano all'estero.
Io e miei fratelli lavoriamo tutti all'estero, ci trovavamo per le feste di Natale e ad un certo punto abbiamo visto che anche tutti i nostri amici andavano all'estero, quindi è venuta fuori questa idea. E' stato una riflessione per cercare di capire come e cosa fare per dare un impegno civico alla tua terra di origine, a partecipare alla vita sociale. Quindi un anno indicemmo un Open Space Technology, è un brain-storming in cui ognuno dice un tema di suo specifico interesse e quindi raggruppa persone che hanno un fine comune. I due temi pregnanti che emersero furono l'esterofilia e il luogo comune dei "cervelli in fuga". Questo modo di definire lo troviamo fastidioso perché pare ridurci a numeri, nell'immaginario sembra che vadano via solo i cervelloni quando adesso invece espatriano in tanti, poi il problema non è la fuga dei cervelli, ma la circolazione delle idee. Non si risolve tenendo noi qui, ma diventando attrattivi in generale, perché non invogliare cervelli stranieri a venire a lavorare qui?

Quindi hai creato questo network assieme al Comune di Bologna che vi ospita sulla sua piattaforma?
Quando ci è venuta questa idea, ero in contatto con Silvia Bartolini, Presidente della Consulta degli emiliano-romagnoli nel mondo, quindi con il suo appoggio abbiamo realizzato, appunto, l'Open Space Technology. Poi con l'aiuto della Regione Emilia-Romagna abbiamo edito il book "Delle Risorse Perse", titolo chiaramente polemico, il nostro discorso era di trasformarsi da "risorse perse" a "risorse sparse" e di vedere cosa potevamo fare per partecipare alla vita della nostra città, a tenere vivo il legame con il

territorio. Poi il Comune ha iniziato a collaborare con noi ed adesso facciamo un incontro annuale in Sala Borsa.

Su questo si è poi innestato il concetto di cittadinanza mobile.
A noi piace perché permette di mettere l'accento sui bisogni e le potenzialità, trovo che la mia generazione ha avuto molto in tema di diritti, noi vogliamo ricordare che i diritti vanno mantenuti e fatti evolvere. Parliamo tanto di cittadinanza europea, ma poi non facciamo campagna perché siano realizzate strutture ed accordi europei su sanità e pensioni ad esempio, la mentalità è di risolvere i problemi ancora come la vecchia emigrazione.

Come ti sei trovata catapultata in un contesto come quello di "Libera"?
E' successo che i preti sono bravissimi a tirarti dentro a lavorare, nel mio caso è stato Tonio Dell'Olio che nel 2007 mi ha detto "Perché non crei un'antenna di Libera in Francia?". All'inizio è stata molto dura far capire ai francesi che ci vuole un movimento della società civile per combattere le mafie, loro dicono che ci sono già leggi e forze dell'ordine. E quindi tocchi come dove lo Stato è forte, la sensibilità è diversa.

E come vi muovete da antenna francese?
Ad esempio facciamo molto media-watching, ad esempio rompiamo i luoghi comuni delle aziende che pubblicizzano prodotti legandoli alla mafia italiana, poi incontri nelle scuole, ad esempio proprio oggi qui partecipa una scuola di Bordeaux. Cerchiamo di combattere lo stereotipo, spesso meritato, dell'italiano all'estero e proviamo a stimolare la nascita di realtà locali, perché anche lì non mancano poi i problemi, basti pensare che non c'è l'obbligo dell'azione penale, il che vuol dire che è a discrezione dei magistrati, che fra l'altro lì dipendono dal governo. Insomma dopo qualche anno passato in Francia la realtà appare meno rosea di quello che appare, voglio dire che ogni paese ha poi la sua realtà.

17 aprile 2015

I ragazzi di RadioImmaginaria:
"al microfono per dire
quello che pensiamo"

In occasione della manifestazione FARETE 2015 organizzata a Bologna da Unindustria Bologna, tramite la prof.ssa Piera Viperini abbiamo potuto intervistare due membri di RadioImmaginaria, l'unica radio di adolescenti in Italia, realizzata, diretta e condotta da ragazzi tra gli 11 e i 17 anni. Comprende anche sedi all'estero, ma ci spiegano tutto **Nicolò F.** (16 anni) **e Sara G.** (15anni).

Radio Immaginaria, di cosa si tratta esattamente?
E' la prima e unica radio nel suo genere nata in Europa, condotta da ragazzi dagli 11 ai 17 anni, sappiamo che la nostra generazione è sottovalutata e vogliamo dimostrare che è il contrario, che siamo e possiamo essere qualcosa di positivo che può essere proiettato nel futuro. Nata da un progetto scolastico di 5 anni fa a Castel Guelfo (BO), si è staccato ed è nata Radio Immaginaria. Un progetto che permette che noi, dagli 11 ai 17 anni, possiamo metterci davanti ad un microfono e dire quello che pensiamo, sia rispetto alla chiacchierata davanti alla macchinetta, sia rispetto ad un evento di portata mondiale, con le nostre parole però.

Quindi si tratta di un progetto europeo?
Si è scoperto con l'ultima partecipazione ad Expo, in cui siamo stati ospiti per dieci giorni del padiglione dell'Unione Europea, un progetto come il nostro nella UE non esiste.
Ma la vostra Radio ha sede solo in Italia o fate parte di un network europeo adesso?

Noi siamo anche all'estero, c'è un canale inglese da un paio di anni, e da pochi mesi anche la versione francese. Abbiamo una redazione a Londra ed una inviata in Canada a Montreal, mentre in Italia abbiamo venti redazioni.

Mi parlavate della vostra esperienza all'Expo, come è andata più dettagliatamente?
Abbiamo avuto occasione di intervistare sia il Commissario Giuseppe Sala che la Presidente Bracco, Commissari e portavoce della UE presenti al padiglione, vari giornalisti del Corriere della Sera con cui abbiamo collaborato, fra cui il critico musicale Andrea Lanfranchi.

Per fare l'attività avete una sede e varie attrezzature, come riuscite a mantenere il tutto?
All'inizio solo con un microfono per dire, e gli investimenti personali di chi ci ha creduto, abbiamo iniziato usando la piattaforma Spreaker, poi sono iniziate le collaborazioni con varie aziende. La nostra postazione mobile che vedi qui, lo Street Lab, è realizzato con BIOSTYLE, una postazione originale che sembra un fiore alimentata da pannelli solari. Adesso si sostiene con la quota annuale da parte dei ragazzi (€ 60), poi le P.A. dove abbiamo le redazioni ci offrono sedi e contributi. Nel mio comune, Castel San Pietro Terme, abbiamo a disposizione uno spazio del comune, infine ci sono donazioni da parte dei supporter, anche perché per scelta non inseriamo pubblicità nella programmazione.

Trasmettete solo via web o anche etere?
No solo su internet, e riusciamo a fare anche trasmissioni in diretta, da Castel Guelfo ad esempio, anche se la maggior parte della nostra attività al momento si basa su registrazioni in podcast, su piattaforma Spreaker.

La vostra programmazione quindi non è continua?
C'è un progetto a lungo termine che prevede che durante la giornata si possano mandare registrazioni mentre siamo impegnati a scuola, poi proseguire con la diretta, vorremmo arrivare ad un programma 7-24 con le Redazioni che inseriscono i loro flussi.

Gli argomenti trattati?
Principalmente da quello che ci piace, dalla chiacchiera sulla professoressa alle cose da adulti, notizie da telegiornale viste dalla nostra visione di adolescenti. Anche qui a FARETE cerchiamo di capire il mondo del lavoro, intervistando gli ospiti vediamo di interpretare meglio gli accadimenti mondiali.

La politica come la vedete?
Possibilmente in maniera satirica, ma abbiamo anche parlato ad esempio degli accadimenti di Charlie Hebdo, e non ci tiriamo indietro nemmeno se bisogna discutere dell'ISIS.

I nostri lettori che verranno ad ascoltare RadioImmaginaria cosa ascolteranno?

Non ci poniamo limiti o regole a quello che diciamo, non abbiamo inibizioni, quindi le nostre interviste ed i nostri servizi possono risultare pungenti e politically incorrect. L'idea è di fare una casa senza preclusioni, rispetto ai grandi temi di discussione, politici o religiosi che siano, ovviamente resta il rispetto delle regole che sono quelle di esprimersi con correttezza e professionalità. Come progetto formativo è stato riconosciuto anche dalla Regione Emilia-Romagna che riconoscendoci come "attività formativa extrascolastica" attribuisce i crediti formativi a chi fa radio per un certo numero di ore all'anno. Anche con l'Ordine dei Giornalisti dell'Emilia Romagna abbiamo un progetto, il Patentino Immaginario, che ci accredita come giornalisti, in questo ambito nei prossimi mesi faremo un corso per giornalisti.

Il nome RadioImmaginaria da dove proviene?
Nasce tutto da un progetto di 5 anni fa, Aria Immaginaria, progetto delle scuole media nato contro il bullismo, poi ci si è staccati dalla scuola ed è nata la Radio. Immaginaria perché comunque si guarda verso l'alto, con speranza, verso il futuro.

Qui a FARETE avete avuto modo di svolgere interviste interessanti?
Sì, prima il Presidente Alberto Vacchi, poi Alessandro Corrente della Danfoss, il Presidente di Unindustria Giovani, Enrica Gentile. Principalmente gli abbiamo domandato perché a scuola ci viene detto, fate quello che vi sentite, poi invece ti trovi di fronte alla richiesta di esigenze specifiche. La risposta è stata una via di mezzo, fate quello che vi piace, ma con un occhio a quello che serve nella realtà. Il Presidente Alberto Vacchi ci ha raccontato che ha fatto giurisprudenza, però mi occupo di macchinari, quindi non obbligatoriamente un percorso di studi ti obbliga a seguire quella strada nella vita. Fra tutti gli eventi disponibili abbiamo scelto di partecipare a FARETE per aprire una finestra su un mondo che per noi è ancora molto lontano, quello del lavoro, le persone intervistate ci hanno dato motivi di riflessione molto importanti. La fortuna che abbiamo come ragazzi è di poter sempre dire quello che pensiamo, mentre gli adulti possono dire sempre il meglio, ma spesso non il peggio.

8 ottobre 2015

Mònica Bello (Arts@CERN)
arte e scienza, molte cose in comune

La spagnola **Mònica Bello** è un curatore e critico d'arte indipendente, con competenze in arte e scienza. Dal marzo 2015 è il nuovo capo delle Arts@CERN, un programma di arte ospite multidisciplinare del CERN di Ginevra che promuove collaborazioni tra artisti e scienziati. Tra il 2010 e il 2015 è stata direttore artistico del VIDA, il concorso internazionale per l'arte e l'arte artificiale, fondata da Fundacion Telefonica a Madrid. In precedenza è stata responsabile della formazione presso LABoral Centro de Arte (Gijón, Spagna). Ha fondato diversi programmi e piattaforme curatoriali, come Capsula o Res-qualia a Barcellona (Spagna), o Biorama a Huddersfield (Regno Unito). E' membro del consiglio di amministrazione di Fundacion Laboral Centro de Arte. Partecipa regolarmente in comitati consultivi, rivedere le commissioni e giurie in tutto il mondo e si dedica la sua ricerca alle forme più sperimentali dell'arte e pratiche culturali emergenti. Le abbiamo rivolto alcune domande.

Il progetto Arts@CERN nasce con l'idea di far incontrare il mondo umanistico ed artistico con quello scientifico, ritiene che storicamente ci sia stata così poca comunicazione tra le due entità?

L'interazione tra il mondo umanistico e artistico con quello scientifico e tecnologico è un processo che va avanti da secoli. Abbiamo degli ottimi esempi durante il periodo rinascimentale con Leonardo, o perfino nelle culture antiche, dove la conoscenza era concepita come un sistema assoluto. La distinzione tra fatti concreti e percezioni simboliche della realtà era confusa e indistinta. Oggigiorno c'è una chiara separazione tra questi elementi intesi come discipline in antitesi, in parte a causa del sistema, l'arte non sempre risponde chiaramente ai requisiti di questa ambiente. Tuttavia, siccome sia la scienza che la cultura fondamentalmente si interrogano sulle leggi della natura e della realtà, hanno molte più cose in comune di quanto possa apparire. Perciò la comunicazione tra le due esiste e oggigiorno sta crescendo nel pubblico interesse.

Non è forse corretto definire, così come fece Leonardo da Vinci, che l'arte è scienza in quanto richiede un duro e sistematico lavoro. Leonardo era insigne artista e scienziato, possiamo pensarlo come il primo esempio di incontro tra le due materie?
Leonardo è il personaggio che meglio rappresenta il legame tra arte e scienza, e ritengo che avesse ragione nel sostenere il bisogno di una metodologia rigorosa di lavoro e ricerca in entrambe le discipline. Se un individuo vuole interrogarsi sulle più grandi questioni riguardanti il nostro mondo, allora deve essere fatto un grande compromesso, con argomenti precisi, ma con la volontà aperta al confronto con una o più risposte durante il processo.

La razionalità della scienza contrapposta all'irrazionalità dell'arte, non pensa che la scienza debba divenire soggettiva e quindi irrazionale per essere comunicata ai singoli?
Personalmente non sono d'accordo, scienza e arte hanno finalità diverse, specialmente quando entrano in contatto con la società. La scienza per esistere non richiede l'esposizione al pubblico, persino quando ne può trarre benefici. Al contrario, l'arte è più vicina ai fini comunicativi e all'esibizione dei processi o dei risultati, o alla creazione di modi per coinvolgere il pubblico. Tuttavia non sono sicura di quello che si intende parlando dell'arte come un qualcosa di irrazionale. Piuttosto direi che segue regole diverse che spesso non si conformano agli standard, operando pur sempre secondo una logica.

4 febbraio 2016

Barbara Senerchia
openness e coaching per gestire il cambiamento

Psicologa del lavoro e delle organizzazioni – Associate Certified Coach, diplomata Corporate Coach U Italia, membro ICF Italia e Global – membro della Comunità di Pratica di Coaching (CPC) di Bologna. Ha maturato una visione d'insieme in ambito Risorse Umane grazie alle esperienze in Società di formazione e consulenza e in azienda, coniugando vincoli organizzativi e sviluppo delle persone. Interessata ai temi della transizione professionale, dell'imprenditorialità, della motivazione e dello sviluppo individuale e organizzativo. Si è formata in Psicosocioanalisi, Intelligenza Emotiva e Mindfulness (percorso MBSR). Collabora con Forma del Tempo, società di consulenza per il cambiamento organizzativo e l'innovazione. Parliamo di **Barbara Senerchia**che insieme a Paolo Bruttini ha pubblicato il volume *"Coaching: come trasformare individui e organizzazioni"*. Le abbiamo rivolto alcune domande.

Avete scritto questo libro dove trattate due temi molto seri ed importanti, la Openness, la Leadership ed il Coaching.

Il tema fondamentale che abbiamo esplorato anche attraverso gli 11 casi e le interviste è la Openness come approccio basato su un modello di leadership che supera il comando e controllo. Abbiamo ricercato le analogie tra il coaching e le dimensioni della Openness e confermato come esso sia la modalità elettiva per sviluppare individui e organizzazioni aperte. Il coaching può dunque sviluppare la openness attraverso l'adozione di una leadership orizzontale, condivisa, distribuita e aperta. Gli open leader si caratterizzano come catalizzatori del cambiamento in grado di essere trasparenti e autentici, di coinvolgere, valorizzare e motivare i loro collaboratori attraverso passione, cura e vitalità, di co-costruire il senso del progetto personale e professionale nel più ampio disegno organizzativo.

Io ho avuto a che fare, anche in maniera laterale, con questi temi, se dovessi spiegarli a chi non li conosce come li descriveresti?

Abbiamo cercato da un lato di definire questi concetti a partire dalle testimonianze dirette e dalle esperienze raccontate, dall'altro proprio attraverso i casi di tradurre le possibili applicazioni nei diversi contesti. Il coaching è l'applicazione che meglio può permettere l'esplorazione e l'adattamento continuo di nuovi comportamenti più efficaci in risposta agli obiettivi e ai bisogni effettivi dei singoli, dei gruppi e delle organizzazioni. Il coaching per la openness facilita lo sviluppo sostenibile delle 5 dimensioni fondamentali individuate. In sintesi per dare valore all'etica, alla trasparenza, alla passione delle persone, alla parità nelle relazioni di lavoro, al cambiamento inteso come capacità diffusa di immaginare il possibile e realizzarlo (e ritorno), infine alla nuova leadership. Open appunto capace di mettersi a disposizione e fare un passo indietro per favorire l'auto-organizzazione.

La leadership la definii in un mio articolo passato che deve essere riconosciuta e non imposta, siete d'accordo con questa definizione?

Assolutamente sì, è uno dei principi fondanti della Open Leadership, inteso come possibilità dal basso di avere partecipazione e coinvolgimento, sicuramente un capo è riconosciuto come leader nella misura in cui i collaboratori lo riconoscono come tale e non solo per la sua autorità e forma di modalità di controllo, quindi relazioni di fiducia che vengono a crearsi.

Openness e Leadership sono due argomenti diversi?

La Open Leadership è una delle 5 dimensioni della Openness su cui Paolo Bruttini ha scritto in precedenza il volume Città dei capi, come esito di una lunga ricerca sul tema del capitale sociale organizzativo e della leadership che è stata definita Open sul filone della definizione che ha dato Charlene Li. La Openness è un atteggiamento che è caratterizzato da autenticità e trasparenza, capacità di lasciare spazio agli altri, si passa da una gerarchia verticale ad una orizzontale, coltivando gli aspetti testé descritti. I capi sono tali in quanto si pongono in funzione di ascolto e non di comando.

La teoria dei sei cappelli di De Bono può rientrare in questa disciplina?

Il pensiero laterale è fonte di creatività e della capacità di vedere le alternative possibili, di ampliare le possibilità di scelta. Questa è una caratteristica distintiva del coaching e ha molto a che fare con la dimensione della visione che un open leader deve saper sviluppare per sé e co-costruire con i propri collaboratori .La capacità di avere consapevolezza in ogni momento di sapere quale sia la modalità più indicata ed efficace rispetto alla relazione è un possibile punto comune, sicuramente rispetto sia alle caratteristiche del Coaching, che sono quelle di far emergere le proprie risorse, lasciare da parte sé stessi per dare spazio agli altri in modo da attivare una modalità che permetta di raccogliere il maggior numero di informazioni per agire al meglio nel contesto.

Questi atteggiamenti possono essere adottati anche in contesti sociali tipo una famiglia o sono specifici di un contesto aziendale?
Ci siamo concentrati sulle organizzazioni principalmente, poi possono essere multinazionali piuttosto che PMI, onlus o cooperative, il campo di applicazione comunque fa riferimento ad un ambito organizzativo dai singoli individui, ai team, all'intera struttura. I casi presentati raccontano proprio di esperienze in varie tipologie di settori dal metalmeccanico, alla GDO, alle operative.

Riguardo alla Leadership avete esplorato casi reali portando esempi pratici nel vostro libro?
In tutta la seconda parte del libro ci sono esperienze organizzative che Paolo potrà poi illustrare ancora meglio, comunque sono più centrate su modelli organizzativi, gruppi, riorganizzazioni affrontando fasi diverse per riuscire ad essere più competitivi superando limiti gerarchici. Ci sono casi in Italia dove si sono coinvolte le persone in quello che si stava facendo per accrescere il valore aggiunto del cambiamento con il coinvolgimento delle persone tramite il Coaching per finalizzare le proprie risorse ed ottenere migliori risultati. una testimonianza sulla leadership circolante all'interno delle comunità di pratica; un'altra sull'applicazione di metodologie agili nella gestione efficace di progetti a rapida esecuzione; un caso è sullo sviluppo e la valorizzazione dei talenti e del potenziale in una multinazionale; un caso ha visto coinvolta una cooperativa sociale nello sviluppo della capacità di competizione difficile, ma generativo bilanciamento tra competizione e collaborazione; ancora le sfide di un'azienda metal-meccanica che tra difficoltà e successi ha adottato la open leadership come propria filosofia; nella GDO un caso di come condividere la conoscenza a partire dal basso in un processo auto-organizzativo.

Il Coaching quindi può aiutare a superare i cambiamenti nel mondo del lavoro?
Assolutamente sì, il Coaching aiuta ad attivare le modalità e le risorse nelle persone ad essere più performanti durante i cambiamenti, spesso i cambiamenti sono imposti, non comunicati, le persone non coinvolte, il Coaching facilita e accompagna la gestione dei cambiamenti in maniera efficiente e condivisa. L'Openness è già un cambiamento, nel senso di apertura con la condivisione delle informazioni creando anche nuove aree di sviluppo, di integrare le funzioni che già esistono mutando le dimensioni verticali in trasversali ad esempio. Il Coaching si integra con la Openness per ottenere questi risultati.

Ci sono tipologie di aziende più portate di altre?
Il coaching conosciuto e diffuso nelle multinazionali perché è nato all'estero, ma è molto interessante riuscire ad applicarlo in realtà più piccole che possono apprezzarne i vantaggi, non c'è una realtà più disposta di altre in questo senso, aziende di e-commerce possono

essere più interessate a snellire ed efficientare la loro attività tramite il Coaching. Piuttosto rispetto alla Openness possono essere più sensibili aziende ad elevata innovazione tecnologica,o in cui si attivano processi di lean Manufactoring, piuttosto che aziende orientate allo sviluppo sostenibile che implementano sistemi di CSR Responsabilità Sociale o aziende che investono in programmi di Welfare.

11 febbraio 2016

Athos Cauchioli
Sicurezza informatica, cuore dell'Azienda

#Saicosarischi è stato l'hashtag che ha accompagnato il Convegno sulla sicurezza informatica organizzato da Eurosystem Spa e Nordest Servizi in collaborazione con Servizi CGN. *"Qualsiasi sistema di sicurezza non potrà mai essere più stupido del suo utilizzatore"*, ha esordito così Roberta Bruzzone, criminologa investigativa e ospite d'eccezione dell'evento. La sicurezza informatica dipende per lo più dall'utente finale che spesso sottovaluta la situazione di pericolo, è un problema che si ripete anche nelle aziende, dove la maggior parte delle falle informatiche partono proprio dall'interno, dai dipendenti. A detta della Bruzzone all'interno di un'azienda i soggetti più pericolosi non sono tanto quelli "tecnicamente più preparati" ma quelli più arrabbiati (col capo, con una situazione personale non soddisfacente, con la vita intera). In occasione del Convegno – grazie anche all'Ufficio stampa Dora Carapellese – abbiamo raccolto l'intervista ad **Athos Cauchioli**; ex hacker oggi consulente aziendale, parla di come l'ingegneria sociale (studio del comportamento individuale di una persona al fine di carpire informazioni utili) permetta di far aprire inconsapevolmente una mail "infetta" che spesso non ha un "semplice" virus all'interno che blocca il PC ma genera un effetto molto più infimo utilizzando dei link che, se vengono cliccati, attivano il download inconsapevole di tool che analizzano le vulnerabilità della rete aziendale, e forniscono al criminale informatico tutte le informazioni necessarie a procedere con un attacco su misura.

Uno dei primi pericoli massivi fu la creazione di darknet con computers zombies che erano sotto il controllo di organizzazioni criminali e fungevano da vettore per attacchi DDOS ad esempio, ora se ne sente parlare meno, esiste ancora questo pericolo?
Questo pericolo c'è sempre, perché i computers zombie sono molti di più di quello che si possa pensare. Attualmente, vengono utilizzati per fare altri tipi di attacchi, dallo spam al

network scanning, ma quando necessitano di un DDOS, di sicuro non si tirano indietro, ed è sempre più probabilmente e più sofisticato ogni giorno di più.

I nuovi sistemi operativi Microsoft hanno ovviato, almeno in parte, al problema della sicurezza? I sistemi Apple e Linux/Ubuntu come si pongono rispetto al problema sicurezza informatica?
In realtà tutti sistemi operativi hanno problemi di sicurezza, alcuni rispondono in maniera più veloce alle patch sulla sicurezza, altri meno, ovviamente gli attacchi vengono inviati in maniera massiva sui sistemi operativi più diffusi e Windows è il re per quanto riguarda gli attacchi ricevuti. Apple e Linux creano abbastanza velocemente le patch sulle problematiche di sicurezza informatica, basta tenere il proprio sistema allineato con gli ultimi aggiornamenti per correre il minor rischio possibile.

Essendo Supervisore Informatico concordo con il fatto che il problema principale sia l'utilizzatore finale, è uso dire che nessun anti-virus può evitare l'assenso dell'utente ad autorizzare l'esecuzione di programmi nocivi, quali possono essere le contromisure?
Gli attacchi nocivi e che possono eseguire codici maliziosi sul proprio sistema informatico sono tantissimi, di sicuro non basta un semplice antivirus, ma vanno applicate piattaforme che aiutano l'utente a non sbagliare. Le aziende, soprattutto, necessitano di prevenzione e contromisure prima che i problemi accadano. Per questo consiglio sempre una vulnerability assessment in modo da prevenire attacchi che poi possono compromettere l'intero sistema causando danni enormi all'infrastruttura informatica.

Come giustamente esposto uno dei pericoli maggiori è la cosiddetta 'ingegneria sociale', contando che il suo massimo fautore, Kevin 'Il Condor' Mitnick, l'ha ideata decine di anni fa, il tempo passato non pare avere insegnato molto e le persone continuano ad accedere a contenuti malevoli abboccando a mail e siti falsi, quali contromisure adottare?
Anche in questo caso si parla sempre di prevenzione, e lo si fa formando il personale a non essere così leggeri a dare adito ad e-mail, c'è sempre modo di verificarlo. Arrivare a questa consapevolezza non è così scontato, si arriva tramite una buona formazione. Per esempio se arriva la mail da un corriere per un "fantomatico" pacco, cercate su internet il sito del corriere e contattatelo direttamente telefonicamente per sapere se il "fantomatico" pacco esiste o è una truffa che cerca di portarvi ad aprire il file malevolo.

Proprio Mitnick dimostrò come fosse facile farsi dare le password anche per un totale sconosciuto tramite l'ingegneria sociale, anche qui l'educazione del personale non pare avere fatto concreti passi in avanti.
E difatti, il problema è proprio questo, non facendo formazione al personale si avrà sempre questo tipo di problema. A parer mio andrebbe messo come obbligo di legge, formare,

anche se a livello minimo, il personale per non cadere poi in queste trappole di ingegneria sociale.

La continua tecnologizzazione del mondo in cui viviamo sta aprendo sempre nuove possibilità, ma anche nuovi pericoli, l'hackeraggio dei sistemi automotive sta diventando un pericolo più che reale e varie case automobilistiche fanno già richiami per aggiornare i software. L'idea di un hacker che prende il controllo di un'auto è quantomeno inquietante, in che direzione si sta andando? La sicurezza e la tecnologia stanno marciando a due velocità diverse?
Nel settore dell'automotive, il problema della sicurezza soprattutto negli anni passati non si era nemmeno posto, attualmente si trovano dei filmati su YouTube o dei tutorial in Internet che fanno vedere come aprire certi tipi di automobili. Le compagnie stanno adottando sistemi di sicurezza sempre più forti, perché la gestione dell'automobile possa essere fatta in totale sicurezza, vedi per esempio la Tesla, ha sviluppato un suo intero ecosistema di sicurezza per gestire il veicolo.

L'impressione è che le aziende investano pochissimo in dotazioni informatiche, sicurezza vuol dire anche sistemi efficienti, integrità dei dati, disponibilità, ma spesso ci troviamo di fronte a componenti obsoleti e superati.
La sicurezza informatica spesso è vista puramente come un costo, perché non è tangibile l'effetto che ha sull'intero ecosistema informatico, lo si scopre solamente quando si viene attaccati, e quando i propri dati non sono più accessibili allora ci si rende conto dell'importanza della sicurezza informatica. Quello che io sto divulgando da tanti anni, è proprio questo, bisogna prevenire e non si fa solo lavorando di anticipo sui problemi che poi possono diventare enormi. Anche le figure di information technology, sono viste proprio come un costo, perché l'impatto che ha questa figura è totalmente invisibile.

Gli addetti alla sicurezza all'estero sono considerati figure fondamentali e con alte retribuzioni, in Italia il settore IT è nella maggioranza dei casi considerato un costo e non una parte fondamentale dell'azienda, cosa ne pensa?
Quando parlo agli imprenditori, e dico che bisogna alzare lo stipendio e la qualità di questi It manager, mi guardano sempre male. Allora spesso gli faccio questo esempio, se io spengo il sistema informatico della tua azienda, riesci a lavorare comunque? La risposta ovviamente è sempre no. Qui si rendono conto di quanto l'informatica è diventata il cuore della propria azienda.

4 maggio 2017

Daniele Sala
Adamo e Deva con Vito e Claudia Penoni

Daniele Sala è uno dei registi più noti in Italia, tantissimi spettacoli di successo messi in scena in televisioni, ed una infinità nei teatri italiani che hanno riscosso continui sold out. Di ferro il suo sodalizio con l'autore Francesco Freyrie, cui da tempo si è unito Andrea Zalone, noto anche per essere l'autore di Crozza. Abbiamo avuto il modo di intervistarlo in occasione del tour con 40 date e già 9.000 biglietti venduti dello spettacolo *Adamo e Deva*, i cui attori sono i noti Vito (Stefano Bicocchi) e Claudia Penoni (fra i tanti successi il binomio a Zelig con Leonardo Manera).

Daniele Sala come si diventa registi?
Per caso.... Nel mio caso è stato proprio un incidente di percorso. Pensa che io avevo iniziato durante il periodo universitario, facevo architettura, a dipingere. Quindi sono stato sempre molto vicino all'ambiente artistico, pittorico, il periodo di Manai, Ottani, Calzolari, tutta l'avanguardia che è passata in quel periodo in Italia ed in particolare a Bologna. Quindi ho cominciato ad occuparmi di alcune scenografie di spettacoli teatrali di persone che conoscevo e che mi avevano chiesto un intervento. Da lì mi sono avvicinato al teatro, ho avuto un periodo abbastanza lungo da attore, poi ho deciso di abbandonare le scene ed iniziare l'attività come regista.

Una serie di grandi successi, con Vito adesso siete in questo tour di sold out da 40 date.
Con Vito festeggiamo quest'anno i 30 o 31 anni di lavoro, in particolare con Stefano ricordo che con Francesco Freyrie gli abbiamo dato la parola. Come ben sai lui aveva questo personaggio clamoroso del muto con cui aveva fatto 'Gran Pavese Varietà', 'Lupo Solitario',

il primo spettacolo che fece parlando lo mise in scena con me e Francesco, ed era 'Se perdo te'.

In effetti anche con Francesco Freyrie avete fatto un sodalizio di ferro, i vostri nomi sono sempre legati.
Con lui abbiamo iniziato quando ancora esisteva quel giornale, se ricordi, Mongolfiera, e non abbiamo ancora smesso. Sai, questo è un ambiente che fai presto, come dicono da noi 'quando smette di suonare il telefono…". Il problema è che il nostro mestiere in Italia è ancora allo stato della commedia dell'arte. Non c'è una forma di inquadramento delle forme artistiche. Quando lavoravamo con Gene Gnocchi la battuta era sempre: "Cosa fai nella vita?", "L'attore!", "E di mestiere?".

Con Claudia Penoni invece avevate già lavorato assieme?
Sì, con lei il primo spettacolo che facemmo fu con Gene Gnocchi, 'Santo Sannazzaro'. Quindi è stato già dieci anni fa, io l'ho conosciuta per un provino fatto appunto per questo spettacolo, poi abbiamo fatto assieme un paio di cose televisive. In quel periodo mettemmo in onda una delle trasmissioni televisive più carine che ricordi, non perché la facemmo io, Francesco e Gene Gnocchi, ma era particolarmente divertente, e si intitolava 'Dillo a Wally'. Era una roba delirante con una sorta di anchorman che intervistava personaggi improbabili, come uno che viveva in un box sotto l'acqua.

Gene Gnocchi è un artista geniale, avete lavorato spesso assieme.
Sì, concordo, a tal proposito ti racconto un aneddoto, lui aveva appena finito 'Emilio' in televisione, ci chiamò per incontrarci a Fidenza, dove vive, e si presentò in trattoria dai 'Due Gemelloni', molto famosa, che adesso non esiste più, in pigiama. Lui mangiava, poi andava a fare la pennica! Lui è incredibile, poi non so se lo sai, è un bravissimo poeta! Ha scritto libri di poesia bellissimi! E' un personaggio unico, o lo ami o lo odi.

Questo Adamo e Deva che portate in tour adesso, ma anche quelli che avete messo sul palco in passato, è comico sì, ma anche di estrema intelligenza. Mi ricorda un poco i personaggi tragici di Paolo Villaggio, dove al ridere si univa il far pensare sulle figure e gli stereotipi della società.
Ti ringrazio di avere colto questo aspetto, vogliamo dare una chiave di lettura su quello che succede. Io e Francesco è da molto che stiamo lavorando su questa cosa, senza voler fare gli intellettuali ad ogni costo, vogliamo fare del teatro popolare, critico, senza voler insegnare niente a nessuno, ma non è così pedestre che si ferma solo alla battuta ed alla risata, ma dando qualcosa di più profondo. In questo caso abbiamo voluto spingere ancora di più sulla commedia, che per noi è il futuro. Io poi, Vito e Claudia Penoni li associo molto a Gilberto Govi e Lina Volonghi. Gilberto Govi era un attore genovese, bravissimo, che era il protagonista di un condominio ove parlava di tutto quello che lo circondava, e mi ricorda molto in questo Vito, che ti parla delle persone che incontra, dalla sarta all'immigrato. Un

poco come un terzo occhio, in questo spettacolo abbiamo l'incontro tra due culture, due religioni che si ritrovano assieme.

Avete scelto un tema molto forte ed attuale come l'immigrazione con questa trama, l'incontro/scontro tra società, culture, religioni.
Sarà sicuramente il problema del futuro, rispettare le culture reciproche, avere rispetto delle diversità. Questa è una roba al di là del discorso terrorismo, che è una follia a sé stante. Oggi come oggi confrontarsi con culture diverse è fondamentale. I miei figli convivono con cinesi ed arabi, magari io non ci sono abituato, ma il futuro dovrà affrontare tutte queste realtà.

Avete inserito nello spettacolo una frase particolarmente pregnante, recitata da Claudia, quando dice "Noi islamici siamo un miliardo, poi in mezzo ci sono un migliaio di pazzi".
Certo, i bastardi ed i delinquenti ci sono anche da noi.

Fare teatro oggi cosa vuol dire?
Secondo me, come in tutte le cose, a parte la bellezza di fare teatro, io ho fatto tanta televisione, poi ho smesso perché non mi piaceva più. Quando iniziai in tv con Francesco si facevano tante dirette, i concerti di Lucio Dalla in piazza del Plebiscito, una volta le dirette televisive erano come uno spettacolo teatrale. Oggi invece è tutto registrato, poi c'è lo share, a me non mi attizza più. Sono stato in televisione per 12-13 anni e chiusi con il primo spettacolo di Fiorello che neanche firmai, perché venni via prima. Gli dissi 'Scusa Fiore, ma io vado via, non ce la faccio più!". Fare teatro oggi è una bellissima cosa ed una palestra di vita che serve a raccontare tante cose. Ci sono pochi finanziamenti, i teatri chiudono, ma chi oggi non si trova in difficoltà? Poi in Italia fare l'artista oggi è particolarmente difficile per quello che dicevamo all'inizio. Ma vedi che lo stesso spettacolo in teatro ogni sera è diverso per quello che l'attore quella sera riesce a dare come intensità e voglia.

Voi poi riuscite a fare sold out continui, il che dimostra che con l'arte si può anche mangiare, smentendo quello che diceva Tremonti anni fa. Nella cultura può anche essere conveniente investire quindi?
Ahh ah, per quello che continuiamo a lavorare! Salemme diceva "Guardate, non vuol dire che teatro voglia dire fare la fame, ci possono essere anche situazioni vantaggiose". Chiaramente uno spettacolo che va sempre in scena con 20 paganti non ci campi, ma in quel caso parliamo di avanguardia che giustamente deve essere sostenuta. Ma se parliamo di teatro 'commerciale' devi avere un pubblico, altrimenti come fai?

La situazione della cultura nella società di oggi come la vedi?
Se posso usare un termine caro ai personaggi di Vito, direi 'di pecora'. Sembra quasi di dare fastidio a parlare di cultura, invece ce ne sarebbe tanto bisogno. Ci sono tanti modi di

farla e di portarla a conoscenza, modi sgarbati e maleducati anche, ma non ce ne è mai
abbastanza.

Per finire, nello spettacolo in scenda Adamo e Deva immaginate un nuovo diluvio
universale, quanto pensi ci sarebbe bisogno di una fine del mondo per ricominciare tutto
da capo?
Non bisognerebbe dirlo, non si può azzerare il tutto chiaramente, ma se uno potesse fare
una magia e fare addormentare tutta la gente per 5 minuti e farli risvegliare con un
imprinting diverso da adesso, a me non dispiacerebbe. Ci vorrebbe una grande magia, ad
esempio potremmo pensare come combattere il razzismo, cosa ci vuole? Basta dire basta
razzismo e si vivrebbe meglio, in armonia, godendosi tutte le bellezze artistiche e culturali
del nostro paese.

14 gennaio 2017

Cerchi d'Acqua
Violenza sessuale. Com'eri vestita?

In prima linea nella difesa dei diritti e contro la violenza sulle donne, il nostro quotidiano ha intervistato una dei responsabili di La Cooperativa Sociale Cerchi d'Acqua, un centro antiviolenza che si è costituito nell'anno 2000. Il centro si occupa di contrastare la violenza alle donne e delle conseguenze che questa comporta su benessere psicofisico degli attori coinvolti e delle loro relazioni. Nasce da un progetto di un gruppo di donne che operavano già nel 1989 nel Centro di Accoglienza della Casa delle Donne Maltrattate di Milano. Cerchi d'Acqua ha organizzato la mostra "Com'eri vestita?" – Rispondono le sopravvissute alla violenza sessuale. Un'installazione in cui i vestiti esposti rappresentano simbolicamente quelli indossati durante la violenza subita e sono accompagnati da brevi suggestioni che le donne hanno voluto condividere, raccontando alcuni elementi della loro esperienza. La mostra trae ispirazione dalla poesia *What I was Wearing©* di Mary Simmerling. L'idea è stata sviluppata nel 2013, in un'istallazione artistica dal titolo "what were you wearing?" da Mary Wyandt-Hiebert, docente alla University of Arkansas, e da Jen Brockman, direttrice del Sexual Assault Prevention Center presso la University of Kansas. E' nata dal bisogno di scuotere l'attenzione del pubblico e sfatare gli stereotipi sulla violenza sessuale. Troppo spesso infati, la domanda "Cosa indossavi? Com'eri vestita?" sottende una sfumatura accusatoria, come a dire "te la sei un po' cercata…", rivolgendo i riflettori su chi subisce violenza e non su chi la agisce. Allestita a Milano in via De Amicis 10 presso la Casa dei Diritti, la mostra è stata prorogata sino al 28 marzo. Abbiamo rivolto alcune domande a **Silvana Milelli**, Consulente accoglienza della Cooperativa Cerchi d'Acqua.

La prof.ssa Mary Semmerling con la sua famosa poesia, *What I was wearing*, ha posto in risalto un problema gravoso e terribile, che nei casi di stupro si cerca sempre di

addossare colpe alle donne violentate addebitandogli comportamenti 'poco virtuosi' rispetto a una morale socialmente accettabile. Che esperienze avete in questo ambito?
Quando accade un fatto così grave, di fronte alla violenza sessuale da parte di uno sconosciuto (che rappresenta solo una minima parte dei casi in Italia), abbiamo innanzitutto la risposta mediatica che tende a mettere in risalto i comportamenti e gli atteggiamenti della donna offrendo quasi sempre un quadro di poca "prudenza".

I racconti delle donne rimandano poi alla dimensione della risposta sociale: quando la violenza viene raccontata ad amici e familiari ancora troppo spesso le donne non vengono credute e talvolta si trovano a dover portare il peso di ciò che hanno svelato, divenendo "colpevoli" di aver rotto il silenzio che la famiglia impone.
Infine, la paura da parte della donna di affrontare un processo e un iter legislativo che la scoraggiano a sporgere denuncia. Si stima che su 652 casi di stupro solo 4,3 vengano denunciati (dati Istat 2015).

Quanto sopra riflette un problema culturale a mio avviso, si parla molto delle culture islamiche ed affini, ma anche l'Italia è tutt'altro che immune da questo direi, leggevo che i procedimenti per stalking vengono archiviati per il 13% a Bolzano, percentuale che sale al 47% in Sicilia. Esiste un problema culturale che attraversa anche la giustizia?
La violenza in tutte le sue forme è un fenomeno culturale e investe tutte le aree della società e quindi anche la giustizia.

Mi occupo da diversi anni dell'argomento, anche se non in maniera specifica, ma mi pare che non si siano fatti passi avanti decisivi su questo fronte, che percezione avete?
Se ne parla molto ma talvolta più in termini sensazionalistici che di contenuto politico. Solo i centri antiviolenza che fanno riferimento a D.i.R.e. (Donne in Rete contro la violenza) sono impegnati in una vera campagna di sensibilizzazione sul fenomeno. Le donne hanno maggiore consapevolezza dei propri diritti, ma la società non sembra pronta a sostenerle. Se il numero dei femminicidi è costante, è aumentata la spietatezza con cui vengono eseguiti. Il numero di donne che si rivolge ai centri antiviolenza è stabile. Cerchi d'Acqua per esempio ne accoglie in media 600-700 ogni anno. I giovani sono più bravi e "preparati" a riconoscere e individuare la violenza rispetto a quanto non lo fossero anni fa. Questo forse grazie anche alle campagne sociali sul tema e al fatto che se parli di più. Tuttavia, fanno fatica a riscontrare le disuguaglianze, le discriminazioni e i pregiudizi, loro e della società, sulle donne nel quotidiano, come se ciò non li riguardasse o fosse un problema di qualcun'altro da affrontare e tentare di risolvere.

La maggior parte delle violenze avviene tra le mura domestiche, spesso ci si limita a considerare lo stupro, ma forme di oppressione psicologica non sono da meno, cosa ne pensate?

Come avevo accennato prima, lo stupro da parte di estranei è solo una minima parte del problema della violenza di genere. È per questo che nella nostra mostra abbiamo voluto parlare anche della violenza sessuale tra le mura domestiche: mi riferisco innanzitutto a quella all'interno della coppia, ossia al rapporto sessuale non consenziente, così frequente che non ci fermiamo nemmeno a parlarne e si tende a non considerarlo, come se fosse un qualcosa di dovuto… E poi a quelle violenze più odiose che influenzano il futuro di una donna per sempre: l'abuso o le molestie sessuali anche in età infantile da parte di un familiare o amico di famiglia.

Quando intervistai in Bocconi la prof.ssa Paola Profeta, mi mostrò come il gender gap ponga l'Italia al 118° posto su 144 paesi esaminati; anche questo riflette ed incide sul problema della donna nella società e questa discriminante non è forse un fatto di violenza?
Il "gender gap" che pone l'Italia in una posizione umiliante descrive perfettamente la situazione culturale dell'Italia di oggi, dove la discriminazione di genere è parte integrante del nostro tessuto sociale tanto che non ce ne rendiamo neppure conto. Ci consideriamo un paese all'avanguardia e forse in molti aspetti lo siamo ma in quanto a parità di genere siamo ancora lontani dal raggiugere una posizione accettabile. Non dimentichiamo che fino alla fine degli anni '80 erano ancora in vigore il codice Rocco, il delitto d'onore e il matrimonio riparatore.

In altro convegno sempre in Bocconi fu messo l'indice anche su fattori come l'andamento casalingo, ma anche l'affido condiviso dei figli, libererebbe tempo/lavoro per le donne che invece si trovano caricate massimamente dell'andamento casa, ed invece potrebbero dedicare parte del tempo alla propria carriera diminuendo il gender gap.
Si tratta sempre di una questione culturale cui si aggiunge la mancanza di adeguate politiche del lavoro, che permettano un miglior work-life balance, soprattutto per le donne. Quindi più contratti part-time, più elasticità, lavoro da casa, aspettativa con un reale diritto di reintegro nella propria posizione. C'è poi da sottolineare che nelle situazioni di violenza che noi vediamo ogni giorno la donna spesso viene spinta a lasciare la propria occupazione perché il marito glielo impone. Dopodiché, quando vorrebbe rendersi autonoma, non ci sono le opportunità per un reinserimento nel mondo del lavoro.

La legge sullo stalking ha portato dei miglioramenti, ma anche alla luce dei dati riportati all'inizio non pare essere stata risolutiva. Alla fine mancano i mezzi e forse anche la volontà di intervenire, pare che spesso si sottovaluti il problema da parte di chi dovrebbe provvedere, con i tristi risultati che vediamo poi nei notiziari. Cosa sarebbe necessario per renderla veramente un deterrente?
Innanzitutto informare. La separazione in caso di violenza domestica è un momento ad alto rischio, che i centri antiviolenza come Cerchi d'Acqua non sottovalutano. La sicurezza della donna è il nostro primo obiettivo e avere delle leggi che la garantiscano sarebbe utile. Non

ha senso denunciare quando poi l'uomo rimane libero di agire, minacciare, perseguitare. Poi sensibilizzare e formare, soprattutto le nuove generazioni ma non solo. Il cambiamento culturale è alla portata di tutti, ma ci deve essere l'impegno di tutti perché avvenga.

Come è nata l'idea di allestire una mostra sull'argomento "What were you wearing? (Com'eri vestita?)", che è partita dagli Stati Uniti ed è approdata a Milano. Quali difficoltà avete dovuto affrontate e cosa volete dimostrare o porre in evidenza che dir si voglia?

Per il nostro lavoro di sensibilizzazione e formazione, in particolare nelle scuole, siamo sempre alla ricerca di idee che possano aiutarci nel nostro impegno sociale, e le culture anglofone ci hanno offerto spesso spunti interessanti e di riflessione con le loro campagne, anche e soprattutto perché affrontano culturalmente il tema della violenza alle donne già da diversi anni mentre noi, in Italia, siamo indietro da questo punto di vista. Quando abbiamo scoperto questa mostra, abbiamo capito che rappresentava bene la nostra campagna contro gli stereotipi di genere e a sostegno delle donne che vivono una situazione di violenza. Le nostre difficoltà anche quelle di natura economica sono state superate dalla volontà e dall'impegno comune delle volontarie, che si sono dedicate con passione a questa nuova sfida. Abbiamo anche avuto un sostegno dal Comune di Milano con il suo patrocinio e la concessione della sala alla Casa dei Diritti dove si svolge la mostra.

22 marzo 2018

Paolo Bruttini
Open Agent, l'aiuto al cambiamento

In occasione dell'evento organizzato da Forma del Tempo allo Scrambler Ducati Food Factory di Bologna, abbiamo avuto modo di intervistare **Paolo Bruttini** sul tema dell'open agent. Un discorso che avevamo iniziato due anni fa con la sua collega Barbara Senerchia. Paolo Bruttini è socio-analista, imprenditore e consulente di sviluppo organizzativo. Laureato in Economia e Commercio (Università degli Studi di Bologna), perfezionato in "Teorie e Tecniche di Gruppo" e in "Organizzazione e Direzione" presso la stessa Università. Specializzato in Psico-socioanalisi presso la scuola Ariele di Milano. Socio fondatore e presidente di Forma del Tempo srl. Socio di Ariele, associazione italiana di psico-socioanalisi. Dal 1990 svolge docenze e consulenze su comportamenti organizzativi, sviluppo del capitale sociale e umano, change management. In qualità di consulente ha svolto numerose diagnosi organizzative e culturali, supportando le organizzazioni ed i loro leader nei processi di cambiamento. È key note speaker sui temi della Open Leadership e dello Sviluppo di Organizzazioni Aperte. E' coautore dell'Open Leadership Manifesto. Ha scritto diversi articoli e libri di management e organizzazione. Gli ultimi volumi che ha curato sono *Città dei capi* (IPSOA, 2014), *Coaching: come trasformare individui e organizzazioni* (IPSOA, 2015). Ha lavorato per grandi imprese italiane e multinazionali tra cui Allianz, Coca-Cola, Coop, Ducati, Enel, Ferrari, Intesa Sanpaolo, L'Oreal. E' formatore manageriale specialista qualificato APAFORM, livello EQF 7.

Stasera siamo nuovamente qui a sentir parlare di Open Agent, di cosa si tratta?
Il tema è complesso ed affascinante, noi siamo partiti nel 2008 a parlare delle economie collaborative, proseguendo nel 2010 sul filone di un'autrice americana, Charlene Li, lavorando prima sulla open leadership e dopo sull'open organization. Conseguentemente abbiamo sviluppato il tema pubblicando nel 2014 l'Open Leadership Manifesto e nel 2015 un volume su coaching e openness.

Sono passati due anni da quando ci vedemmo l'altra volta su questo tema intervistando la sua collega Barbara Senerchia, cosa è successo nel frattempo? Fu l'inizio ed oggi siamo all'arrivo?

Diciamo che più dell'arrivo, siamo ad una tappa intermedia. La figura dell'open agent si inserisce nel progetto di un'azienda aperta, un'impresa al cui interno le persone sviluppano processi, comportamenti basati sulla collaborazione, sull'auto-organizzazione. Come arrivare a fare tutto questo? Poiché il processo non è facile, abbiamo individuato la figura dell'open agent, un facilitatore per il cambiamento. Un soggetto che aiuta la trasformazione.

Per spiegarlo nel modo più semplicistico possibile, un'azienda vi chiama, voi vi presentate e?

Innanzitutto partiamo dal presupposto che l'azienda abbia una necessità, che può essere quella di diventare più efficiente o di voler sviluppare un nuovo prodotto, come arrivare a questo? Con una modalità più tradizionale che potremmo definire di comando e controllo, il consulente arriva fa un'analisi, poi implementa, le cose migliorano un poco, ma i cambiamenti non sono mai durevoli. Invece la strada della openness battuta dall'open agent implica che siano le persone a fare l'analisi implementando strumenti di auto-osservazione, dopo di che le stesse persone sono impegnate in un cantiere di cambiamento di auto-apprendimento, aiutate dall'open agent. Un processo di miglioramento attuato da risorse interne.

E l'open agent funziona in pratica da attivatore?

Esatto, chi sta dentro al cambiamento può gestirlo meglio, l'open agent definisce una visione e dà gli strumenti che aiutano le persone ad attuare il cambiamento.

Siete già attivi, avete già progetti di questo tipo in corso?

Siamo già partiti con alcune collaborazioni in tal senso, ad esempio c'è una azienda attiva nella Grande Distribuzione Organizzata, che ha allestito un negozio online. L'organizzazione interna di questo negozio si è avvalsa del lavoro dell'open agent. I collaboratori hanno lavorato in autonomia sul miglioramento del modello organizzativo.

Voi lavorate a monte, prima che si avvii l'attività?

Non sempre, nel caso che ho portato ad esempio l'attività era già in corso d'opera, diciamo che noi l'abbiamo ottimizzata. E' stato molto interessante vedere come in poco tempo le persone si siano attivate per migliorare i processi attraverso queste forme di auto-organizzazione ed auto-apprendimento.

Viene da pensare che sarebbe comunque molto meglio che un'azienda che voglia avviare una nuova attività vi chiami prima e non dopo. È corretto?

Certo, sarebbe sicuramente molto meglio, ma possono essere anche processi di miglioramento successivo, le aziende cambiano continuamente. E' interessante farlo con modalità che siano al passo coi tempi che viviamo oggi.

23 aprile 2018

Stefano Gallotti (ING Bank) Da Coaching a Scrum Master

In occasione dell'incontro targato *Forma del Tempo* organizzato allo Scrambler Ducati Food Factory di Bologna, abbiamo avuto modo di intervistare **Stefano Gallotti**, Scrum Master di ING BANK sul tema open agent e cambiamento.

Spieghiamo innanzitutto cosa è uno Scrum Master.
Lo Scrum Master è colui che all'interno di un team agile ha il compito di supportare e facilitare, è una versione evoluta del vecchio concetto di project manager che ritroviamo nei modelli organizzativi tradizionali. Il project manager dava indicazioni, definiva i tempi, decideva chi faceva cosa, nel concetto di agile questa figura, vista come un comandante, non esiste ed al suo posto abbiamo lo Scrum Master più vicino ad un facilitatore. Il suo obiettivo è quello di aiutare un team multifunzionale, composto da soggetti di diverse estrazioni tecniche e/o business, a raggiungere livelli elevati di qualità e performance con la finalità di deliverare soluzioni, contenuti e funzionalità nel migliore dei modi, in modo che il tutto sia tangibile e verificabile da parte dei clienti in tempi brevi e con rilasci continui e frequenti. E' un nuovo paradigma di gestione delle risorse volto ad ottenere le migliori performance.

Con Paolo Bruttini aveva già collaborato nel libro che fu pubblicato un paio di anni fa.
Sì, scrissi un capitolo dove spiegavo il concetto di agile e la mia esperienza di coaching per spiegare quale fosse il modello di sviluppo, e come poteva essere applicato in tutti contesti di sviluppo, non solo del software ma anche della gestione di progetti come la realizzazione di una sedia.

In ING è molto che esiste questa figura dello Scrum Master?

Abbiamo iniziato a parlare di modelli agili nel 2011, con la creazione di gruppi internazionali, come si sa ING ha una presenza mondiale, in particolare con il brand ING DIRECT in 14 nazioni. L'idea era di valutare un modello sullo stile new economy che poteva dare risultati interessanti, volevamo capire quale percorso intraprendere per dare un nuovo valore aggiunto ai nostri clienti. L'obiettivo di ING era trovare un modo per erogare valore di business più velocemente, con maggior qualità e con maggiore frequenza, facendo leva sul rapporto diretto con i clienti e usando i suggerimenti che ci arrivano da loro. L'esigenza era inoltre quella di trovare un modello scalabile e replicabile in tutte le unit del gruppo che potesse dare risultati tangibili e il giusto stimolo positivo al personale per produrre divertendosi.

Questo si è già tradotto in pratica?

L'ultimo prodotto messo a disposizione da ING Bank ITALIA è rivolto al segmento business SME. ING è entrata nel 2001 sul mercato italiano con il conto deposito rivolto esclusivamente al settore retail, il mercato privati. Questa nuova offerta invece si rivolge al segmento business e ci serve per sperimentare l'entrata nel mercato PMI con un prodotto molto semplice ma al contempo innovativo. Con pochi clic si può accedere ad un prestito in maniera facile e veloce, molto più che nel modo tradizionale che prevede di recarsi ad uno sportello bancario. Il Prestito Business si sottoscrive completamente online in meno di 10 minuti senza dover produrre documentazione cartacea e senza doversi recare di persona in filiale. Per arrivare a questo prodotto abbiamo fin dall'inizio coinvolto i clienti e tramite H-Farm, che è un incubatore per l'innovazione, è stata organizzata una giornata con rappresentanti della piccola e media impresa, in cui abbiamo co-creato un prodotto disegnato su misura dai clienti sulla base delle loro esigenze andando insieme a loro a valutare la migliore user experience.

Immagino avrete fatto una comparazione con i prodotti offerti dai vostri competitors.

Esatto, il punto focale di questo prodotto è proprio l'innovazione, al momento non ci sono altre banche che propongono un prestito alle PMI totalmente paperless, quindi senza la necessità di produrre cartaceo e nessuna banca è ad oggi in grado di proporre una linea di credito in soli 10 minuti. Veramente in pochissimi giorni è possibile ricevere l'ammontare del prestito sul proprio c/c senza doversi muovere dalla propria azienda e senza doversi interfacciare fisicamente con la banca.

Rimanendo in tema bancario, la vostra opinione del mercato italiano dopo 17 anni di presenza sul nostro territorio?

Noi siamo entrati sul mercato italiano con un prodotto oramai storico, il famoso conto di deposito Conto Arancio, siamo arrivati oggi a coprire quelli che riteniamo essere tutti i bisogni dei nostri clienti. Entrando in punta di piedi abbiamo visto come sia complesso e competitivo il mercato bancario italiano. Il nostro business è particolarmente interessante perché è significativamente diverso rispetto quello dei nostri concorrenti. Il nostro brand vuol dire velocità, innovazione, il nostro obiettivo è quello di essere un passo avanti nella vita e nel business.

Sempre in campo bancario italiano, gli imprenditori puntano sempre il dito sulla difficoltà di accesso al credito da parte delle PMI, il vostro prodotto va proprio in questo senso se non sbaglio?
Noi vogliamo facilitare l'accesso al credito, ovviamente applichiamo tutti i doverosi controlli per evitare di concedere prestiti che diventino poi inesigibili. In una concessione classica di credito dove ci si deve recare di persona si prevedono tempi di 3-5 settimane, noi abbiamo una tempistica di 10 minuti per la valutazione e pochi giorni per l'erogazione.

Il vostro outlook sull'evoluzione del mercato bancario in previsione di un termine del QE?
Stiamo pensando ad un piano di sviluppo volto a portare sul mercato prodotti sempre più innovativi e vicini alle esigenze delle PMI con rilasci continui, nuove funzionalità e adeguamento dei prodotti in base al mercato ma soprattutto alle esigenze dei nostri clienti.

11 maggio 2018

Alessandra Abbado
La musica per il sociale

L'Associazione Mozart14 nasce e si sviluppa come naturale prosecuzione dei progetti sociali ed educativi voluti da Claudio Abbado, eredita e fa proprio il suo messaggio: "la musica è necessaria alla vita: può cambiarla, migliorarla, e in alcuni casi addirittura salvarla" (Prefazione di Claudio Abbado in *"La Musica salva la vita. Il "sistema" delle orchestre giovanili dal Venezuela all'Italia"* di Ambra Radaelli, Giangiacomo Feltrinelli Editore, Milano, 2012). Mozart14 è la casa di tutti coloro che credono nella potenzialità sociale e socializzante della musica. Essa è un bene prezioso e inesauribile: appartiene a tutti, possiede la forza per farsi vicina a chi si trova in difficoltà, può diventare efficace strumento per costruire una società migliore. Chi riconosce questo potere, chi ne ha anche solo percepito la grandezza, ha il dovere di contribuire a portare la musica ovunque ce ne sia bisogno. In merito a questo progetto, abbiamo intervistato la Presidente **Alessandra Abbado**, figlia del maestro Claudio, che ci presenta anche il prossimo Concerto del *Coro Papageno*, l'unica e irripetibile occasione annuale per sentire le voci dei detenuti e delle detenute del Coro, a cui si uniranno i coristi volontari, diretti dal Maestro Michele Napolitano. Il concerto si terrà sabato 26 maggio, alle ore 15, presso la Casa Circondariale "Rocco D'Amato" di Bologna in via del Gomito 2.

Sig.ra Abbado, grazie del tempo e dell'attenzione che dedica a noi ed ai nostri lettori e complimenti per l'attività che svolgete. Come è arrivata ad attivarsi su questo fronte?
Il primo è stato il progetto Tamino, che compie oramai 12 anni, ed è attivo in quattro reparti pediatrici della Clinica Gozzadini del Policlinico Sant'Orsola-Malpighi di Bologna: terapia intensiva neonatale, neonatologia, chirurgia ed onco-ematologia. L'altro progetto è il Coro Papageno che nasce nel 2011, primo caso in Italia di coro misto, in carcere le attività miste tra uomini e donne sarebbero vietate.

Vi avvalete quindi di professionisti per svolgere la vostra attività?
Assolutamente, in tutte le nostre attività non facciamo volontariato, sono attività seguite da professionisti e coordinatori del nostro ufficio.

Leporello invece è un progetto che è rivolto ai giovani detenuti?
Leporello si tiene al Pratello, il carcere minorile di Bologna, in questo caso non è un coro, ed è seguito da musico-terapeuti che lavorano con i ragazzi attraverso tecniche di song-writing. Principalmente lavorano sui loro sentimenti, ancora prima di scrivere canzoni o musicarle. Sul nostro sito abbiamo le prime tre canzoni pubblicate su Youtube scritte interamente dai ragazzi, sono il frutto di un anno di lavoro.

Le abbiamo ascoltate, molto belle. Curiosamente lei viene dalla musica classica e loro invece cantano il rap.
Sì, è l'età e il linguaggio dei ragazzi, magari le prossime saranno diverse. Dipende da quello che preferiscono loro, non gli viene imposto né uno stile né tantomeno dei testi.

E il Coro Papageno, invece?
È un progetto musicale caratterizzato dal fatto che i coristi provengono da tanti paesi, per cui la musica ha questa particolarità, di unire diverse estrazioni. Poi magari si fa anche Bach e Mozart, ma non è nostra intenzione fare musica classica a tutti i costi. Ogni genere va bene.

Avete un riscontro sui risultati ottenuti una volta che i detenuti sono fuori dal carcere?
Più che averlo noi, ci sono studi precisi e dati ministeriali che confermano che le attività fatte in carcere, siano esse lavoro in fabbrica, piuttosto che cantare o fare il pasticciere, aumentano di molto la probabilità che i detenuti, una volta conclusa la pena, si inseriscano nella società ed evitino di tornare in carcere. Il Coro Papageno quando si esibisce viene rinforzato da elementi esterni, per cui si stabiliscono connessioni e conoscenze che portano poi, una volta che il detenuto sia uscito dal carcere, che trovi appoggi all'esterno e quindi sia facilitato nel reinserimento.

È molto interessante il fatto che sottolineate come far parte di un coro li inserisca in un lavoro di rapporti di gruppo, aiutandoli quindi ad uscire dall'isolamento ed incrementando i rapporti inter-personali.
La collaborazione nel coro è molto alta, ci fa molto piacere scoprire che lavorano e si allenano anche fuori dalle ore di coro, che sono parte del percorso scolastico in cui sono inserite come lavoro didattico.

C'è stato anche qualche caso in cui chi ha partecipato al coro abbia poi proseguito e lavorato come cantante all'esterno?

Per ora no, ma ci auguriamo che prima o poi capiti qualcuno dotato che ne abbia anche voglia, perché non è una carriera facilissima. È capitato però che alcuni coristi detenuti, una volta usciti, abbiano chiesto ed ottenuto di entrare a cantare in uno dei cori cittadini da cui provengono i coristi volontari del Papageno.

Quindi oltre le attività intra-carcerarie svolgete anche attività negli ospedali. Ho letto anche che collaborate con il Komos Coro Gay di Bologna.
Noi siamo un'associazione di promozione sociale, quindi ci muoviamo in vari ambiti. Tra questi c'è la collaborazione con altre associazioni del territorio come il Coro Komos che quest'anno ha deciso di appoggiarci, permettendoci di presentarci prima dei loro concerti e destinandoci il ricavato delle donazioni liberali che raccolgono durante la loro rassegna annuale (quest'anno realizzata ad aprile). Abbiamo potuto presentare Mozart14 e pubblicizzare le nostre attività al loro pubblico. Komos è un coro molto serio, e magari un giorno che il Coro Papageno potrà uscire a cantare a Bologna lo farà in un evento che accoglierà diverse realtà di musica nel sociale come il Coro Komos.

Con il Coro Papageno affrontate anche i temi del multi-etnico, quindi immigrazione ed aspetti affini. In un momento dove ci sono rigurgiti di intolleranza e si alzano muri, voi agite in senso contrario meritoriamente.
Ogni anno che ricominciamo a settembre, una parte dei detenuti è andata via, questo fa sì anche che ogni nostro concerto sia diverso, quest'anno ad esempio avremo quattro canzoni nuove. Per il resto noi marciamo molto convinti che non devono esserci barriere, lavorando dentro carceri ed ospedali vediamo che le difficoltà ci sono, ma dobbiamo sempre credere nel messaggio portante della musica, nella sua forza di generare rispetto reciproco.

17 maggio 2018

Davide Morante
Il pianeta Instagram

Circa 200 milioni di instagrammer attivi al giorno visitano un profilo aziendale quotidianamente. Oltre 150 milioni di persone contattano le aziende tramite Instagram Direct, ogni mese e un terzo di questi messaggi inizia con una storia di Instagram (dati di aprile). Secondo l'osservatorio Vincos nelle 57 nazioni analizzate, si nota una competizione serrata tra Instagram, al secondo posto in 23 paesi, e Twitter, presente in 22 paesi. Il primo, in questo anno, è cresciuto fino a conquistare 800 milioni di utenti mensili, mentre il secondo pur crescendo di poco (ora ha 330 milioni di utenti) ha strappato 12 nazioni al network delle immagini. Dopo il Tolk Tolk su Instagram della Carapellese, abbiamo intervistato quello che è probabilmente il maggiore esperto di Instagram, **Davide Morante**. Nato a Reggio nell'Emilia, cresciuto ad Avellino, spostatosi poi a Parma per studiare prima e lavorare poi laureandosi in Economia. Si è appassionato e quindi dedicato al Social Media Marketing, collaborando con alcune importanti agenzie di comunicazione di Milano. Gestisce campagne di web marketing e cura i canali social di alcune aziende: in sostanza si occupa di comunicazione digitale ed ora è associato alla rete nazionale Instagramers Italia ed ha fondato Igersparma, la community di Parma e provincia che gestisce tuttora assieme ad alcuni progetti di carattere nazionale.

Davide, innanzitutto spieghiamo ai lettori cosa è e cosa fa un 'Social Media Manager'.
Ciao! Nell'accezione comune il social media manager è colui che si occupa a tutto tondo dei canali social di un'azienda (grande o piccola che sia), un'organizzazione (ente pubblico, associazione) o personaggio pubblico (politico, cantante, etc etc). In realtà medio piccole si occupa di tutta la gestione social: definizione strategia, redazione piano editoriale, pubblicazione dei contenuti, moderazione dei commenti, impostazione delle ads e cosa importante, reportistica. In realtà più grandi c'è chi si occupa solo di alcuni di questi aspetti: lo strategist, il community manager, l'ads manager... Sarebbe comunque preferibile che il

social media manager sia affiancato da un art director (non chiamateli grafici che si arrabbiano) per realizzare velocemente immagini accattivanti. Se poi saltuariamente ci fosse a disposizione un videomaker, sarebbe il top. Per quel che mi riguarda, sono convinto che "occorra sporcarsi le mani" con i vari strumenti per capirne le potenzialità, le mode, l'utilizzo che le persone ne fanno. Per questo motivo, se per la maggior parte dei clienti mi occupo solo della strategia, per uno di essi mi occupo ancora di tutti gli aspetti.

Instagram ha raggiunto il miliardo di iscritti, risulta secondo alcuni studi, tra utenti, sharing, interazioni, la prima app social nel mondo, stiamo andando sempre più verso il visuale e l'immediato? La scrittura è destinata a sparire?
In effetti a inizio luglio al Forum dell'Economia Digitale è stato ribadito il concetto che si andrà verso contenuti sempre più video, ma non credo che la scrittura scomparirà... la "blogosfera" rimarrà, più ridotta, più selezionata, ma rimarrà. Almeno per i prossimi 4 o 5 anni.

Gli ultimi dati dicono che oltre la metà degli utenti è composta da donne e che l'età media va dai 18 a meno di 30 anni, cosa possiamo desumere da questi dati? Da un punto di vista aziendale vuol dire che solo alcune aziende possono essere interessate ad un mercato composto in larga parte da giovani?
A inizio anno ho analizzato chi fosse il "popolo di Instagram" in Italia: siamo in totale 16 milioni di persone; la fascia d'età più presente è quella tra i 19-24 anni (3,6 milioni) poi quella 25 -29 anni (2,4 milioni) e gli under 18 sono "solo" 1,3 milioni. Secondo me sta succedendo quello che è successo su Facebook: gli "early adopter" sono stati i più giovani, ma col tempo cresceranno e avremo dunque un "invecchiamento" dell'età media. Fermo restando che comunque ad oggi, anche le altre fasce d'età son abbastanza rappresentate: sempre oltre il milione di persone... numeri che non trascurerei già ora.

Instagram, piattaforma di photo sharing o social?
È assolutamente nato come social ed è stata la sua fortuna: il suo successo l'ha portato poi ad essere anche una piattaforma di photo sharing. Le persone hanno iniziato a curare sempre più le loro foto, sono quindi arrivati i fotografi appassionati e quelli professionisti (c'è anche Steve McCurry), i creativi e le aziende. Ma senza coloro che pubblicano meme, citazioni, foto del caffè non avrebbe mai i numeri di adesso.

La foto deve essere 'bella' o colpire? Essere immediata? Magari non bella, ma prendere il momento?
La foto dev'essere bella, colpire e sembrare che sia immediata: un mio insegnante di teatro diceva che "ci vuole una gran preparazione per poter fare improvvisazione". Prima di condividere contenuti live è bene essere certi che questi contenuti siano "belli" e assolutamente perfetti. L'imprevisto è sempre dietro l'angolo e può creare imbarazzi; mi viene in mente un esempio negativo: la blogger più famosa del mondo si scattò una foto

dal bagno di casa, inquadrando anche uno spazzolino sporco di sangue. Si scatenarono mille voci su ipotesi di bulimia e cose simili... Ok prendere il momento, ma attenzione a che momento si prende. Per un progetto culturale ad esempio, invitammo un blogger (oggi si chiamano influencer) alla prima di uno spettacolo teatrale affinché lo raccontasse. Consapevoli delle difficoltà che avrebbe avuto nello scattare le foto al momento giusto, senza (troppo) pubblico davanti, con le luci giuste e con le pose degli attori giuste, scattammo delle foto il giorno della prova generale con uno smartphone e dallo stesso posto a lui assegnato: il racconto "live" (o quasi live) ne ebbe tutto a guadagnare.

C'è chi posta in maniera ossessiva, ci sono indicazioni su tempi di rilascio e numero di foto da postare giornaliere?

Adesso con l'"ALGORITMO" non è più tanto importante postare mille foto: anzi, postare tanto significa fare concorrenza a sé stessi. La regola che seguo è di PIANIFICARE la pubblicazione di una foto ogni 3 / 4 giorni. Ciò mi permette anche di avere spazio per "emergenze" e poter inserire un nuovo contenuto non previsto. Non vivo senza piano editoriale, ma ricordiamo che dev'essere flessibile.

Differenza tra i feed e le stories? Gli algoritmi di Instagram non funzionano sulle stories?

Credo che le stories siano state introdotte per due motivi. In primis per "ammazzare snapchat" (e per quel che riguarda l'Italia c'è riuscito benissimo), l'altro per far sì che le persone tornassero a pubblicare più volte al giorno come si faceva un tempo. Tanto più un "luogo" (reale o virtuale) è frequentato, tanto più è appetibile per gli inserzionisti, no? ;). Con le stories le persone sono tornate a pubblicare più volte al giorno in maniera più spontanea e creativa (pensiamo agli sticker, ai sondaggi, alle gif...) e sono tornati a raccontarsi. L'algoritmo sì... funziona anche lì, ma in maniera diversa: quanto più spesso vedremo le storie di un account, tanto più Instagram ci mostrerà le sue storie per prime rispetto a quelle di altri.

L'uso dei POD su Instagram è utile e/o consigliabile?

L'uso dei Pod è una pratica che riguarda più gli influencer (o i "wannabe" influencer) che le aziende. Lavorando per aziende quindi non mi ha mai coinvolto personalmente, ma è un fenomeno che monitoro lo stesso visto che ogni tanto mi capita di avviare progetti di digital pr. Comunque, i POD sono alla stregua del doping per lo sport: inizialmente sembrano dare risultati, ma essere controproducente nel lungo periodo. Tra l'altro può accadere che Instagram escogiti un sistema per sgamare chi usa questi trucchi e penalizzarlo. Anzi, a giudicare del numero di persone colpite dallo "shadow ban", non mi meraviglierei che tale sistema esistesse già.

Cosa ne pensi della nuova moda, la generazione degli 'influencers', che sta impazzando su Instagram?

Gli influencer non sono altro che la rivisitazione in chiave social del "testimonial". Non ne penso male… sono persone che si impegnano molto per crearsi una "community" lavorando tanto e producendo contenuti di qualità. Pensiamo che cosa è riuscita a combinare la Ferragni… tanto di cappello a lei. E con lei intendo tutti coloro che si sono impegnati nel "progetto Ferragni". Ma a fronte della Ferragni e di tanti altri, c'è chi pensa che basti aprire un account Instagram per pensare di essere un influencer… e vedendo che le aziende rifiutano la loro proposta di collaborazione, allora poi cercano mezzi veloci per aumentare di numeri… POD, Bot, acquisto follower… e adesso si sta andando nella direzione opposta: ossia di diffidare di TUTTI coloro hanno numeri alti. Sembra che sia passato il concetto che se hai numeri alti, li hai per forza di cosa comprati.

Cosa deve fare un'azienda per avere successo e seguito su Instagram, oltre ovviamente rivolgersi ad un Social Media Manager?
In primis deve considerarlo un paid media: non si può più ritenerlo un free media. Occorre investire e allocare un budget sia per creare dei contenuti ad hoc, sia per fare delle ads.

Instagram sta lanciando IGTV per fare concorrenza a YouTube, cosa ci dobbiamo aspettare su questo fronte?
Tanto tanto "divertimento", credo che Zuckerberg si sogni YouTube di notte e stia cercando di farlo fuori in tutti i modi possibili. Su Facebook i link di YouTube sono fortemente penalizzati e al contrario i video nativi sono altamente avvantaggiati. Credo che per Instagram sia lo stesso. Chi utilizza il canale IGTV sarà avvantaggiato in qualche modo: Instagram premierà chi "regala" contenuti alla sua piattaforma… Credo che questa guerra Zuckerberg, però la perderà: YouTube non è solo un repository video, non è solo un social network, ma è un motore di ricerca pieno di materiale utilissimo. In tutta onestà, se tu cerchi un contenuto video, che sia un tutorial, uno spezzone di un film o il video di una canzone: tu lo cerchi su YouTube o su Facebook o su Instagram?

27 luglio 2018

Indice:

Interviste Politica & Economia:

Interviste TedX:

- Maria Silvia Pazzi: trasformare rifiuti in bellezza
- Nadia Pinardi: il futuro nell'energia del mare
- Andrea Benedetti: technical evangelism director of Microsoft Italia e l'Hololens
- Sara Roversi: food, digital e creative learning
- Andrea Accomazzo: ESA e la progettazione delle missioni interplanetary
- Loredana Bessone: ESA e l'addestramento degli astronauti
- Emanuele Buratti: ICGEB e la genomica, quale futuro?
- Selene Pulcini: la falconeria, un mondo tutto da scoprire

Interviste Social, Media, Cultura:

- Valeria Moschet: Google+, alla scoperta del social di BigG
- Elisabetta Zanarini: worklife balance, benefici a portata di mano
- Maria Chiara Prodi: tra ExBo e l'Opera Comique di Parigi passando per Libera
- Radioimmaginaria: al microfono per dire quello che pensiamo
- Mònica Bello: Arts&CERN, arte e scienza hanno molte cose in comune
- Barbara Senerchia: openness e coaching per gestire il cambiamento
- Athos Cauchioli: sicurezza informatica, cuore dell'azienda
- Daniele Sala: Adamo e Deva con Vito e Claudia Penoni, ma non solo
- Cerchi d'Acqua: contro la violenza sulle donne, "Come eri vestita?"
- Paolo Bruttini: open agent, l'aiuto al cambiamento
- Stefano Gallotti: ING Bank, da coaching a scrum master
- Alessandra Abbado: la musica per il sociale
- Davide Morante: il pianeta Instagram

www.ingramcontent.com/pod-product-compliance
Lightning Source LLC
Chambersburg PA
CBHW031113250726
48655CB00004B/1689